グリスウォルド『米国極東政策史』に学ぶ

日本とアメリカ 戦争から平和へ

上

アメリカの誕生、日清・日露・欧州大戦から日英同盟廃棄まで

長浜浩明
Hiroaki Nagahama

アイバス出版

はじめに

わが国は資源の乏しい国である。日本を支えているエネルギーの自給率は、わずか四%。石油、石炭、天然ガス、ウラニウム、鉄鉱石、錫、希少金属、ゴム、綿、羊毛など、私たちの生活を支える原材料のほぼ全てを輸入に頼っている。その多くがペルシャ湾からインド洋、マラッカ海峡、南シナ海、東シナ海を経て日本へと運ばれている。

食料自給率も四十%を下回り、国内の食料生産だけで一億国民の食を満すことは出来ない。今も昔も自給可能なものは水と空気以外は何もない。

戦前、それらの主要供給国が米国や英蘭の植民地だった。特に米国からは石油や高度工業製品群が供給されていた。そして満州が日本の生命線と言われたのは、そこから鉄鉱石や石炭が供給されたからだ。

だから近代日本の息の根を止めるのは至極簡単。原爆など落さなくとも、機雷でシーレーンや港湾を封鎖すれば良い。そうすれば日本の工業生産は停止し、飢餓列島と化し、自給自足の江戸時代に戻らざるを得なくなる。軍艦、戦車、戦闘機は鉄屑と化し、兵隊は馬か二本足で移動するしかなくなる。戦前の陸軍の実態とはそのようなものだったが、これでは近代戦に勝利することはできない。

今も昔も日本の置かれた状況は同じであり、わが国は好んで戦《いくさ》など出来ないことくらい子供でも分かるはずだった。では何故日本はアメリカに戦いを挑んだのか。

このテーマについて長らく論じられてきた。主流は「日本の侵略戦争だ」であり、「自衛戦争だ」、「米国が戦争を仕掛けた」、「戦争を仕掛けたのは中国だ」なる論も巷に溢れるようになった。だがどれも断片的で納得しがたいものだった。

このテーマはそのような単純な話でなく、極度に複雑で様々な要素が絡み合っているからだ。それを解き明かそうとしたのが本書である。だから書けば際限はなく、削りに削っても三十万字を超えてしまった。それを以下の六部に構成した。

第一部　米国の対日政策・友好から敵対へ
第二部　欧州大戦から日英同盟廃棄へ
第三部　シナ騒乱から満州国誕生へ
第四部　コミンテルンの罠に嵌った日本
第五部　スターリンが仕組んだ戦争の時代
第六部　日本の敗戦後、世界に平和は訪れたか

そして、「第一部、第二部」、「第三部、第四部」、「第五部、第六部」と三冊に分割して順次

刊行して頂くことになった。わが国の「敗戦後」まで加えたのは、歴史はここで終わったわけではないからだ。

国益を追求する諸外国が日本に仕掛けた対日政策、〈罠〉は遠大な謀略とも云えるものだった。そして、わが国は彼らの思惑通り引きずり回されて敗北した訳だが、この敗北は一つの節目に過ぎず、これを境に世界に戦乱が起き、仕掛けられた陰謀が姿を現した。このことを欠落させては、その前の歴史が分からなくなる。

人は歴史から学ぶ他ない。敗戦により、私たちは辛酸を舐め、苦難を背負い、シナ、満州、朝鮮、台湾への巨額投資は全てパアになり、極貧のどん底に突き落とされた。

それはつい最近の出来事だったから、散々騙された日本人も今度こそ歴史の教訓を学び取り、少しは大人になったかと思いきや、既に全てを忘れ去り、中華人民共和国（中共）、韓国、ロシアとの友好を信じ、支援し、投資し、全てを失う愚か者が後を絶たない。

これは何度騙されても、何度酷い目にあっても、決して学ぶことが出来ない頭の病気である。彼らの本質を知らない限りこの病気は治らない。

本書〈上〉は、「第一部　米国の対日政策・友好から敵対へ」と「第二部　欧州大戦から日英同盟廃棄へ」を扱っている。日米関係が友好から闘争へと移行したこの時代、アメリカは何を考えていたのかが意外と知られていない。

それを、一九三九（昭和十四）年十一月に出版され、昭和十六年四月に翻訳出版されたグリスウォルド（エール大学助教授・極東外交史担当）の『米国極東政策史』に求めた。フィリピン領有から約半世紀にわたる米国の対日政策が実に良く判るからだ。

このシリーズは単純な「責任論」や「善悪論」をテーマとしていない。現代を知り、将来を見通すには、外交と戦争の歴史を通して米国人、シナ人、韓国・朝鮮人、ロシア人の本質を学ばねばならない。歴史を振返り、如何にして日本は敗北したか、彼らが何を考えていたのか、誰となら手を取り合って生きてゆけるかを見定める必要がある。

そのため、歴史の流れの中から「歴史のなぜ？」を洗いだし、今まで共有されなかった「そうだったのか！」を積み重ねた。

そして安易な判断を下さなかったのは、例えば日本を敗北に導いた者は日本から見れば疫病神的存在であるが、勝利した側から見れば英雄になるからだ。各国が国運をかけて外交戦と熱戦に全力を尽くしたのだ。騙した方が悪かった、戦争を仕掛けた方が悪かった、そんな判断に意味はないと考えている。

例え騙されたにせよ、歴史の法則、戦争に負けた方が愚かだった、甘かった、という現実を受け入れ、油断せず、やがて起こるかも知れない次の戦いに備えねばならない。子供たちが二度とあの辛酸を舐めないために、私たちは賢くならねばならない。

今、その時に備え、英、米、中、ソの指導者は何を考え、如何なる対日政策を取るだろうか。それを知り、現在と未来を見通すため、新たな高見から明治以来の近現代史を再把握したいと思っている方にとって、本シリーズは新たな歴史観と世界観を獲得する拠り所になると信じており、その一助になることを願っている。

日本とアメリカ・戦争と平和〈上〉◉もくじ

第三章　日清戦争の勝利から三国干渉へ

第七章　ドル外交が招いた辛亥革命

第十四章 日英同盟廃棄とワシントン体制

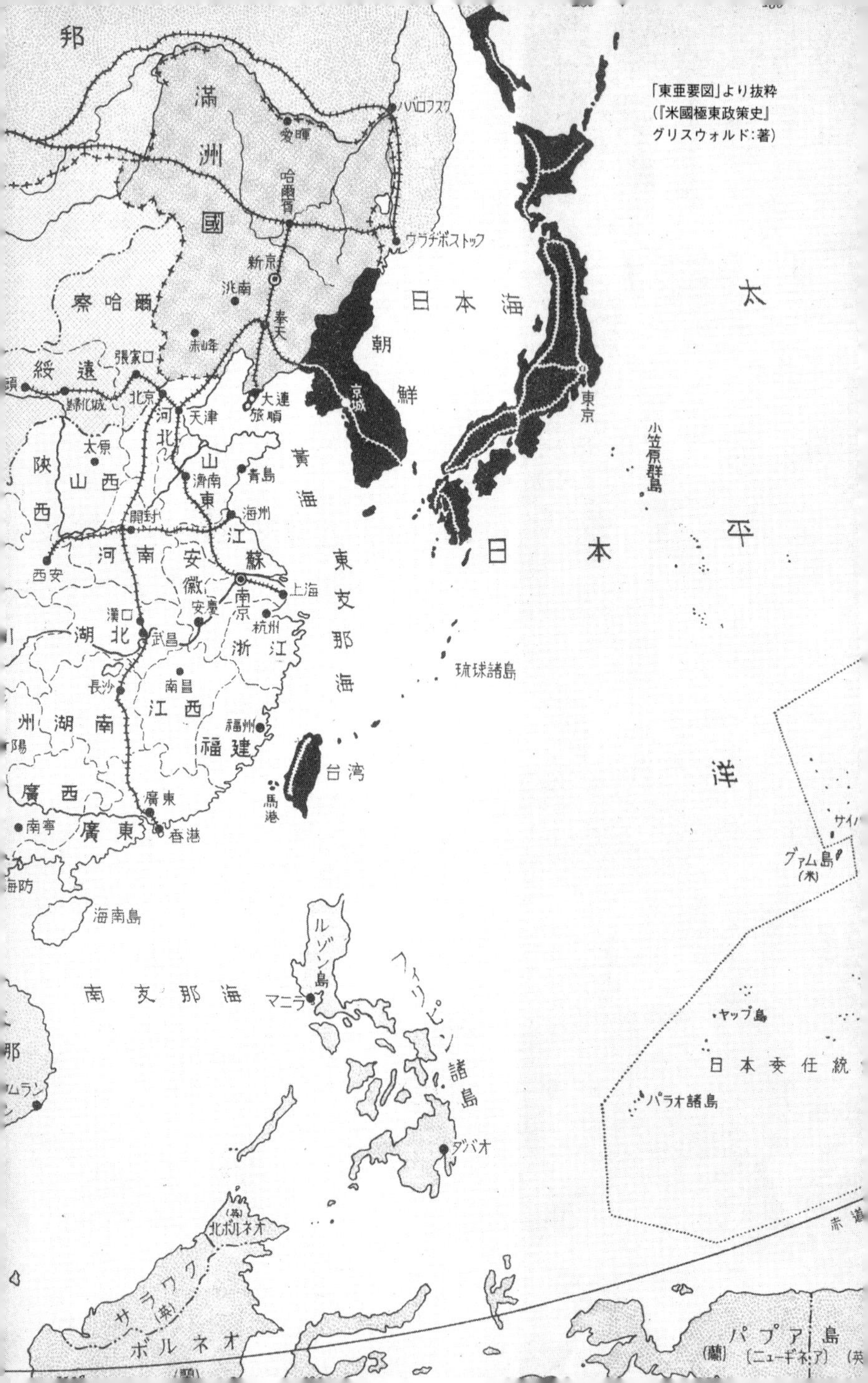

「東亜要図」より抜粋
(『米國極東政策史』
グリスウォルド:著)

第一部
米国の対日政策・友好から敵対へ

アメリカは如何にして誕生し、如何なる理念を持ち、何を行って来たのか。モンロー教書を出した国が、なぜ覇権を求めて太平洋に進出し、フィリピンまで併合したのか。なぜ日清戦争は起き、三国干渉に至ったのか。なぜ日英同盟は結ばれたのか。

日露戦争前まで友好的だった米国は、なぜ日本の勝利により敵対的になったのか。なぜ日本はポーツマス講和会議でロシア外交に敗れたのか。なぜ辛亥革命は起き、なぜ米国は日本を仮想敵国と思うようになったのか。その〝なぜ〟を解き明かしたい。

第一章

植民地から帝国主義国家への変貌

アメリカの生いたち

アメリカ大陸には大昔から先住民・インディアンが住んでいた。やがてこの地に西欧諸国民が移住し始め、英、仏、イスパニアなどの植民地になっていった。英国はカナダと北米大陸の東海岸一帯を領有していたが、中央部を領有したフランスと七年に亘る戦争（一七五六～六三）を繰り広げ、勝利し、十八世紀の半ばまでに、北米大陸のミシシッピー川以東を領有するに到った。

だがこの戦争で英国の財政は悪化し、獲得した植民地への課税を強化していった。更に、植民地経営経費を植民地からの収入で賄おうと、様々な新税を設けるようになり、それが人々の反発を招き、本国との諍《いさか》いの原因となった。

一七七三年四月、英国下院は茶税法を制定して茶の密貿易を禁じ、東インド会社の代理店に北米に於ける茶の独占販売権を与えたが、それが北米茶商人の強い反発を招いた。

十二月、ボストン港に停泊中の東インド会社の船に、約六〇名の市民が先住民などに変装して乗り込み、三四二箱、一万五千ポンドを上回る茶を海に投げ捨てた。すると英国はボストン港閉鎖法などの懲罰法を制定し、損害賠償を求めた。ボストン市民は拒否し、これに同調する他地区の移民たちが「大陸議会」を結成して抵抗を試みると、この運動は分離独立を目指す革命運動になっていった。

■アメリカ合衆国の領土発展過程

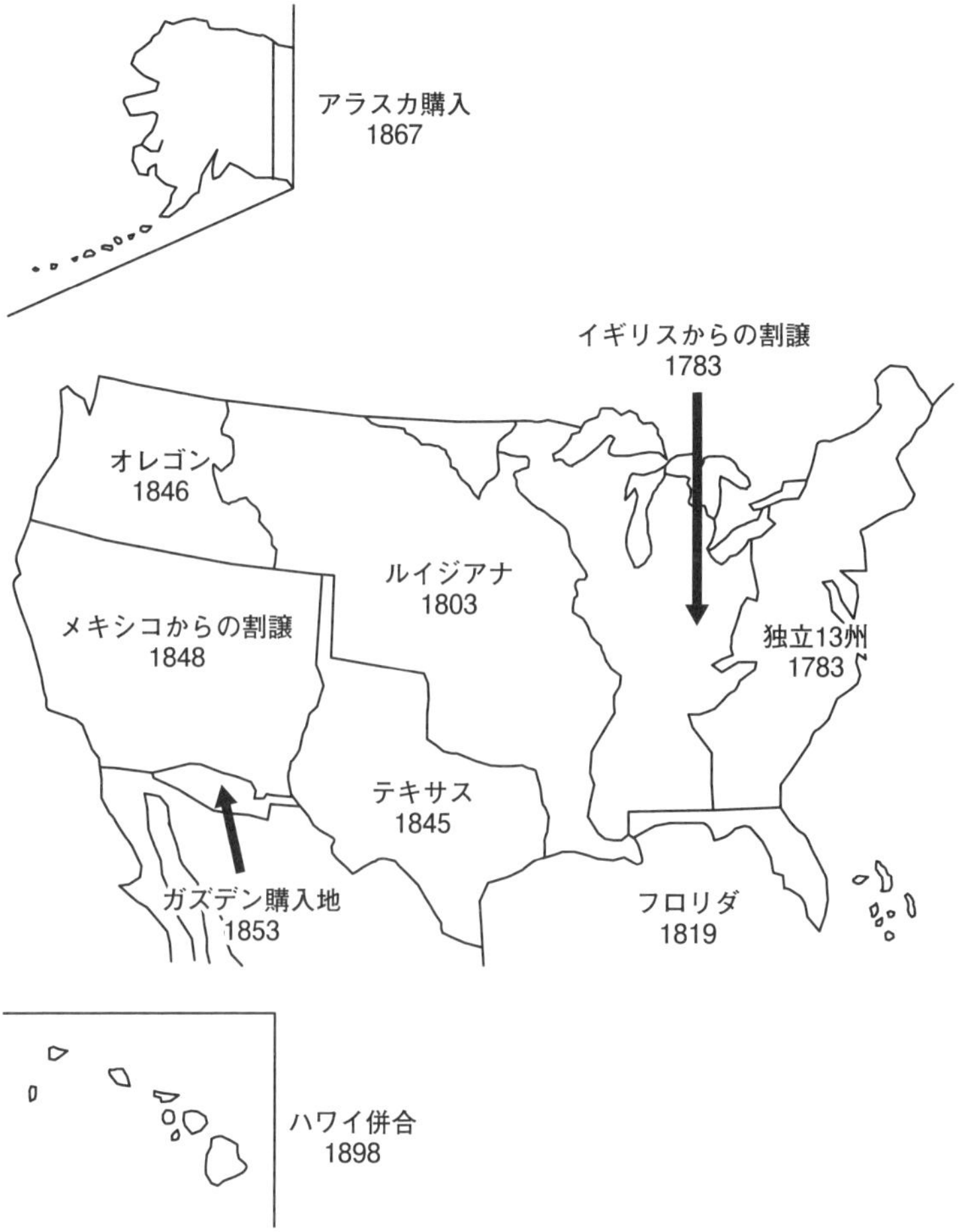

そして一七七五年四月、対英独立戦争が始まった。誰もが独立軍は本国正規軍の敵ではなく、簡単に鎮圧されると思ったが、フランスなどが独立軍を支援し始め、戦いの行方は分からなくなった。

翌年七月、戦いの最中に十三州が独立を宣言すると、七七年十月にフランスは米仏同盟を締結して参戦、七九年にはイスパニアが米国と同盟して英国に宣戦布告し、八〇年にはオランダが英国と四回目の戦争を始めた。それは植民地獲得競争で英国に敗れた国々の復讐戦の様相を呈した。

八一年、戦いは独立軍有利のうちに終結したが、英国が十三州の独立を認めたのは八三年のパリ条約に於いてだった。この時、米国はミシシッピー以東の地を英国より譲り受け、西部への入植を急速に進め、一八〇〇年頃にはミシシッピーにまで達したのだった。

一八〇三年には、ロッキー山脈からミシシッピーまでの広大な地域をフランス（ナポレオン）から買収し、手に入れた。ナポレオンは英国との戦争に備え、資金が欲しかったのだ。

その後、四五年にテキサスを併合、四六年にオレゴンを併合、メキシコとの戦争により四八年にカリフォルニアなどを割譲させ、六七年にロシアからアラスカを買収し、八九年にはハワイを併合し現在の米国領土の骨格が確定したのだった。

歴史はインディアン殺戮と奴隷労働から始まった

かつて彼らがこの地に植民した時、インディアンに助けられていた。だが独立した米国人は、その恩を忘れ、武力を使って彼らの土地を奪い、抵抗する者は排除していった。奪った土地に農場を開き、町を作り、黒人奴隷を買い求めて強制労働に駆り立て、国を始めたのだ。米国の歴史は国の始まりから血塗られ、奴隷労働に支えられていた。

トーマス・ジェファーソン起草の「独立宣言」には、「すべての人間は平等である」と書かれているが、この〝人間〟には黒人、インディアン、日本人のような有色人種は含まれていない。

何しろ、戦いを指揮したワシントン（初代大統領）は数百人の黒人奴隷を使って農園を経営しており、ジェファーソン（三代大統領）は女奴隷と関係を持ち、子をなしていたが、生まれた混血児は相続権のある嫡出子ではなく、黒人に分類され、売買対象であった。特に女の混血児は奴隷市場で高く売れたため、黒人女性は性奴隷として白人牧場主の種付け対象であった。堪えられずに逃亡すれば懸賞金がかけられ、賞金稼ぎのターゲットとなった。

長らく『ニューヨーク・タイムズ』東京支局長を務めたH・S・ストークス氏は次のように記す。

「白人は有色人種を、同じ人間として扱っていなかった。もっとも、白人男性によって黒人女・

①アフリカでの奴隷狩り
黒人が黒人の奴隷狩りをして他部族を捕え、白人バイヤーに売ることもあった。

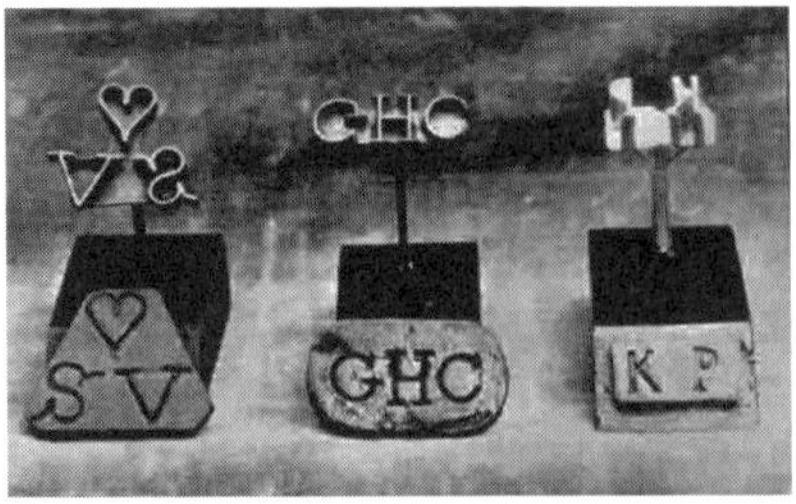

②所有を示す奴隷への焼き印

③スペイン・ポルトガル・フランス・イギリス・オランダによる奴隷の輸送
1730年代には84隻の奴隷船が出航し、英国は1年で25万人の奴隷を北アメリカへ運んだ

④アメリカでの奴隷市場
家族バラバラに売られている

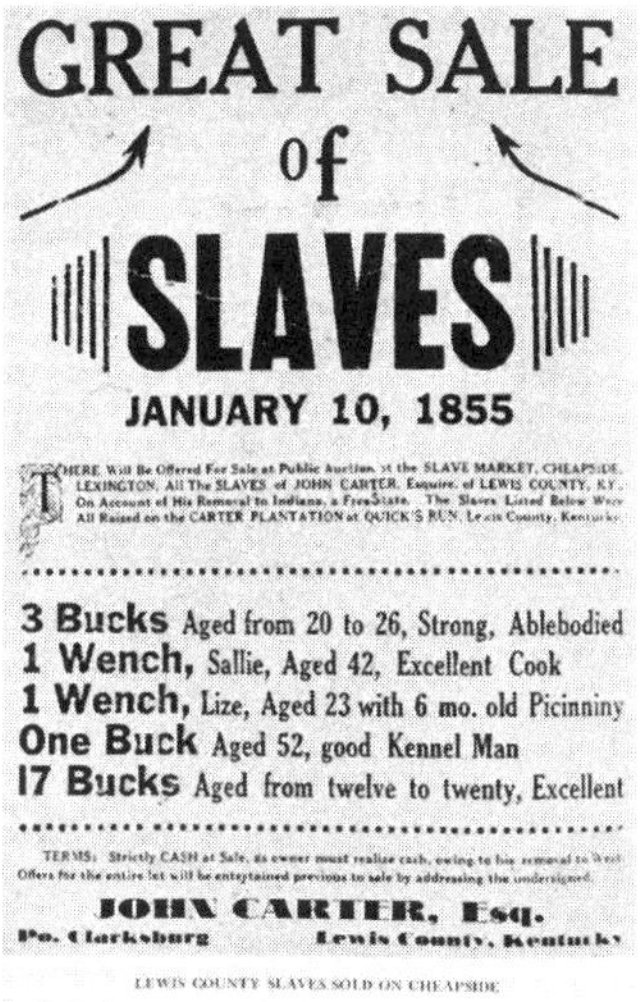

⑤奴隷セールスの広告

⑥奴隷小屋

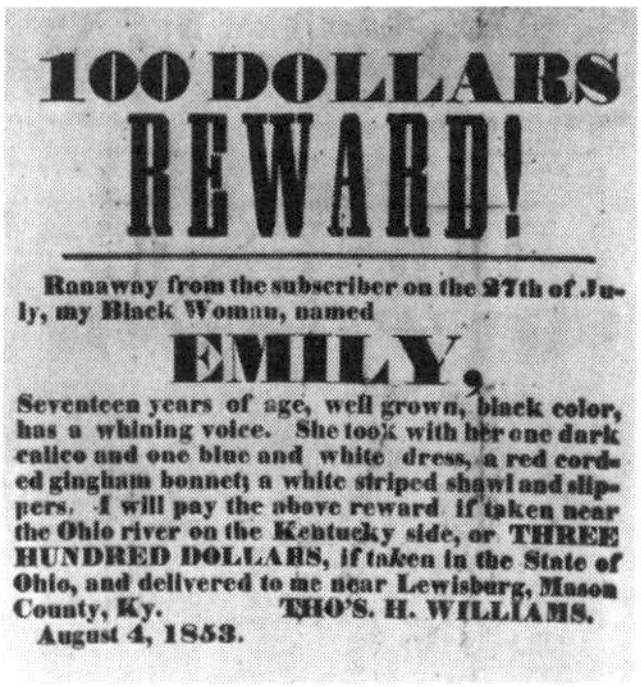

⑦逃亡女奴隷エミリーへの賞金100ドルなる広告

⑧逃亡奴隷を追跡する賞金稼ぎ（犬を連れている）

性が性奴隷として扱われていたから、この点では準人間扱いされていたといえないこともない。だから、今日、白人の血が流れていない黒人奴隷の子孫は、アメリカに一人としていない」（祥伝社新書『なぜアメリカは対日戦争を仕掛けたのか』205）

十八世紀初頭から、世界各地で先住民の意志など無視した植民地争奪戦が本格化していた。最初の勝利者であったスペインやポルトガルの植民地は、その後の英仏との争奪戦に敗北し奪われ、時に買収され、或いは次々に独立していった。メキシコ以南の国々の公用語がポルトガル語やスペイン語であるのはその名残である。

最初に産業革命を成し遂げた英国は、植民地獲得競争の勝利者であり、世界一の強国となり、中南米諸国に工業製品を売り込み、農産物を輸入し始めていた。だが安価な奴隷労働で農産物を生産し、その輸出で外貨を稼いでいた米国は面白くなかった。そこで英国がフランスと戦っている隙をついて戦争を仕掛けた。

モンロー教書から恐怖の〝デスティニー宣言〟へ

一八一二年、米国は英国に宣戦布告しカナダに攻め込んだ。これはインディアンを巻き込んだ大戦争になったが、米国は勝利できず、三年後、ベルギーでガン協定が結ばれ停戦となった。国境は元に戻ったが、両国関係は険悪になった。

この間、米国でも産業革命は進み、繊維産業の従業員は十万人を超え、市場を求めるようになった。また中南米諸国も次第に独立していき、米国は南北アメリカを市場にしている英仏などを排除する動きに出た。

一八二三年十二月、第五代大統領ジェームズ・モンローは、欧州列強の南北アメリカへの干渉を牽制するため、「モンロー教書」と言われる年次教書を議会に送った。

一　欧州での紛争にアメリカは干渉・介入しない。
二　南北アメリカに現存する欧米の植民地や属領を承認し、干渉しない。
三　今後、南北アメリカの再植民地化を望まない。
四　独立の動きがあるスペイン植民地に干渉することはアメリカの平和への脅威と見なす。
五　アメリカ大陸は今後欧州諸国の植民地として考えられるべきではない。
六　米国は欧州の政治に介入しない。

一言でいえば、米国は欧州の紛争に介入しないから欧州諸国は南北アメリカに介入するな、ということだ。こうして若い米国は西欧列強の干渉を排除し、時に土地を買収しながら西進した。

一八三〇年代、ジャクソン大統領は議会で「インディアンは白人と共存し得ない。野蛮で劣等民族の彼らは全て滅ぼされるべきである」と演説し、行動に移した。

米国は、インディアン強制移住法を制定し、例えば、一八三八年には一万二千人ものチェロキー族が軍隊監視のもとで南部各州からミシシッピー以西のオクラホマへ、一九〇〇キロの距離を強制移住させられた。季節は真冬、徒歩か馬での「涙の道」の過程で、四千人以上が飢えと病気で死んだが、救いの手は差し伸べられなかった。

そして米国は、インディアンに対する〝残虐な非人道行為〟を糊塗するため、「マニフェスト・デスティニー」、即ち「我々は神の意志により、世界を文明化する運命を与えられた」なる言葉で自らの行為を美化・正当化した。


やがてメキシコ領テキサスに、多くの米国人が住み着くようになり、三六年にテキサス共和国が独立を宣言すると、英、米、仏などが承認し、四五年に米国に併合されたのだが、これは見え見えの侵略だった。その後遺症もあり、四六年、両国は国境を巡って戦争を始め、勝利した米国は、二年後に結んだ条約でカリフォルニア、ニューメキシコ州などメキシコ領土の三三%を奪い取った。

ペリー「日本は最も重要な国家の一つになる」

こうして北米大陸西岸まで征服し終わると、彼らは太平洋に向かってその手を伸ばしていった。

一八五三年、フィルモア大統領の命を受けたペリー率いる四隻の軍艦が浦賀沖に姿を現した。彼は測量船を江戸湾深く侵入させ、修好通商を求める大統領の国書を浦賀奉行に手渡し、「来年、回答を頂きにやって来る」と言い遺して引き上げた。

翌年一月、ペリーは七隻の軍艦を率いて現れ、江戸湾を巡航して幕府を威嚇した。幕府は浦賀に廻航するよう求めたがペリーは受け入れず、交渉は横浜で行われた。幕府は、通商は拒否したが「石炭・食料の供給と難民救助」について合意し、次なる「日米和親条約」を締結した。

第一条　日米両国・両国民は人・場所の如何を問わず、今後永久に親和が結ばれること。

第二条　下田と函館の二港を開き、米国籍の船に石炭、食料、水などの補給を受けることが出来る。値段は日本が決め、支払いは金貨、銀貨で行われる。

第三条　米国籍船が日本で遭難した場合、日本が助ける。米国で日本船が遭難した場合は米国が助ける。その請求は相互に行わない。

第十条　米国の友好国と日本との間で戦争が起きた場合は、軍用品は輸出せずまた軍事顧問の雇用も認めない。

その後、下田に着任したタウンゼント・ハリスが「日米修好通商条約」の締結を求めると、国論を二分する大問題となった。紆余曲折を経て、五八年、大老・井伊直弼の決断により条約は締結されたが、この条約は一九三九年に米国からの一方的通告により失効するまで、日米貿易の礎となった。

ペリーは、香港や上海などに寄港しながら二度来日して幕府の役人と接し、下田と函館を訪れて帰国したが、日本の印象を『日本遠征記』に記していた。


「日本人が一度文明世界の過去及び現在の技能を所有したなら、強力な競争者として将来の機械工業の成功を目指す競争者に加わるだろう」、「日本はあまり年を経ずして、東洋の中で最も重要な国家の一つに数え上げられることは、疑う余地はない」

「日本の社会には、他の東洋諸国民に勝る日本人民の美点を明らかにしている一特質がある。それは女性が伴侶と認められていて、単なる奴隷として待遇されていないことである。日本の母、妻、および娘は、中国の女のように家畜でもなく……」

「教育は同帝国の至る所に普及しており、日本の婦人は中国の婦人とは異なって男と同じく知識が進歩している。女性独特の芸事にも熟達しているばかりでなく……」

「下田は進歩した開化の様相を呈していて、同町の建設者が同地の清潔と健康に留意した点は、我々が誇りにする合衆国の進歩した清潔と健康さより、はるかに進んでいる」

「函館はあらゆる日本の町と同じように著しく清潔で、街路は排水に適するように造られ、絶えず水を撒いたり掃いたりして、いつもサッパリと健康に良い状態に保たれている」

これがペリーの見た江戸末期の日本及び日本人の印象だった。そして程なく日本は、欧米諸国のライバルと見做されるようになっていく。

インディアンを滅ぼしハワイを併合

やがて米国北部は軽工業から重工業へと脱皮して行ったが、南部は奴隷制度による農業が主産業だった。この奴隷制度を巡って意見対立が起き、奴隷解放を主張したリンカーンが大統領に選出されるに及び南部七州は独立を宣言した。

一八六一年、南北戦争が勃発した。四年に及ぶ戦いは北軍の勝利で幕を閉じたが、人種差別が解消したわけではない。その後も彼らは先住民の土地を奪い、居住区を追われた彼らの要求を〝反乱〟と見做して武力鎮圧していった。

六四年、米国人は「サンドクリークの虐殺」を引き起こした。彼らはシャイアン族の部落を襲い女、子供を含む六百人のインディアンを皆殺しにした。

「シャイアン族との戦いでは、男たちが狩りに出た隙にサンドクリークの宿営地を襲い、白旗を掲げる少女を撃ち殺し、その母親の腹を割き、頭皮を剥ぎ、指を切り落として指輪を奪った（ロバート・ベント報告書）」（高山正之『習近平よ反日は朝日を見倣え』新潮社147）

それはインディアンの頭皮一枚に付き賞金が支払われたからだ。すると騎兵隊も一般の賞金稼ぎもインディアンの頭皮剥ぎ取りに加わった。

「ワイオミング州のコディという町にバッファロー・ビル記念館がある。私も訪れたことがあるが、ここにカスター将軍が剥ぎ取ったインディアンの頭皮第一号なるものが飾ってある。（中略）それが第一号だというのであるから、その後もカスターは何枚かの頭皮剥ぎを行ったのであろう。だいたい頭皮は殺してから剥ぎ取ったとするのが通説であるが、実際は生きているときにも剥ぎ取ったことも多かった」（鶴谷壽『アメリカ西部開拓博物館』ＰＭＣ出版）

異民族を滅亡させてきたプロ、中国人はチベットやウイグル民族を滅ぼすために、少しでも抵抗する男は殺すか奴隷労働、妊婦は強制堕胎と不妊手術、若い女性の強制移住、幼児の拉致を行ってきたが、米国人は、男は勿論、無抵抗の女子供まで、インディアンというだけで皆殺しにした。

アメリカ人による最後のインディアン虐殺、女子供を含む皆殺しは「ウーンデッド・ニーの虐殺」として知られている。

「一八九〇年、騎兵隊は女性、子供、老人を主としたスー族の一団のほとんどを全滅させた。

サンドクリークの大虐殺

カスター将軍はインディアンから頭皮をはぎとった。(The Buffalo Bill Historical Center)

『アメリカ西部開拓　博物誌』(P261)

これをもって先住民の虐殺も終わりを告げた。

そうした掃討戦のなかで〝野蛮人〟の典型、白人〝文明〟の対極にあるものとしての先住民のイメージは、これまでにも増して固められた」（紀平英策編『アメリカ史』山川出版社223）

この時代、彼らは自らの野蛮さに気付かなかった。アメリカは建国以来約百年かけ、国の意思で、五〇〇〇万人いたといわれるインディアンのほぼ全てを殺しつくし、文化もろとも消し去った。その中には多くの餓死者も含まれていた。というのも、米国はインディアンの「生活の糧」を奪うため、六千万頭いたといわれるバイソンをも無差別に殺し、千頭以下の絶滅寸前にまで激減させたからだ。

身勝手な決め付けで先住民をほぼ皆殺しにした恐怖の「デスティニー」は、その後、太平洋の彼方へと向かった。

彼らは早くからハワイの戦略的価値に着目し、併合する意思を固めていた。危機を感じたカラカワ国王は日本を頼って独立を保とうとした。

一八八一年三月、王妃カイウラニ（父はスコットランド人）と日本の皇族との婚姻により、米国の「ハワイ征服」を阻止しようとしたが、明治天皇は、「外国人と皇族との結婚は前例がない」ことを理由で断られたという（『明治天皇記』）。まだ日本は米国に抗する力がなかったのだ。

ウーンデッド・ニーの大虐殺
虐殺したインディアンを穴に投げ込むアメリカ人

インディアンの食料バイソンの皆殺し・頭骨の山

九三年、日清戦争の前年、米国は一五〇名の海兵隊をハワイに上陸させて王朝を滅ぼし、共和制に移行させた。その後、王妃カイウラニは不審死を遂げ、九七年に米国はハワイを併合した。

当時の日本人は、その時代にアジアで進行していた欧米諸国のアジア侵略を知っており、危機を感じていた。同時に、自国やアジアを守ろうとする正義感、連帯感が混然として伏在し、開国後の日本は、西欧技術の導入に努め、ペリーが予見したように長足の進歩をとげつつあった。

そして朝鮮半島に対する日本、清国、ロシアの異なる思惑と国益の衝突が日清戦争へと続くのだが、その背景を知るため東アジアの歴史に触れておきたい。

第二章

それはシナ・朝鮮の日本侵略から始まった

シナ人・朝鮮人による日本侵略

東アジアの確執は、シナ人、朝鮮人、モンゴル人が挙《こぞ》って日本侵略を企てたことに始まる。欧米が世界を侵略するはるか前、わが国は彼らの侵略を受け、その野蛮さに度肝を抜かれた。

十三世紀、半島を支配した元は、日本も服属させようと度々使者を送ってきたが、元の属国となった高麗の運命を知る鎌倉幕府は受け入れなかった。そして執権北条時宗は侵略に備えた。

一二七四年、果たして三万人余りの北方シナ人と朝鮮人の大軍が対馬、壱岐、博多に襲来した。彼らは正真正銘の野蛮人であり、日本人と見たら老若男女を問わず惨殺し、若い女は強姦、子供は拉致し、掠奪後の民家には火をかけた。鎌倉武士は果敢に戦ったが衆寡敵せず、対馬、壱岐は蹂躙されてしまった。だが九州侵略は叶わず、侵略軍は敗退したのだった。

一二八一年、南部シナをも征服させた元は再び日本征服を企てた。今度は南宋の兵を加え、十四万人の野蛮人集団となって襲来した。

野蛮人というのも根拠のない話ではない。対馬、壱岐を襲った彼らは、見つけ次第男は虐殺し、女性は強姦の上で手に穴を開け、紐を通して舳先に吊し、矢楯として博多へ向かったからだ。物品や食料の略奪、子供の拉致や、放火は言うまでもない。

わが国は海岸部に二〇キロに及ぶ防塁を築き、襲来に備えた。程なく襲ってきた野蛮人集団

壱岐・対馬での中国人・朝鮮人の蛮行
老人、子供、男は皆殺し、女は集めて強姦の後、手に穴を開けて網を通し数珠つなぎにして船に運び、矢盾として舳先に吊るして博多へ向かった

陸戦の様子
野蛮人に立ち向かう鎌倉武士

海鮮の様子
野蛮人の乗る大船を攻める鎌倉武士

に対し、鎌倉武士は果敢に戦い、彼らの上陸・占領を許さなかった。そして昼夜を分かたず戦いを挑み、台風到来という天祐もあり、彼らは全滅したのだった。

今でも壱岐では「ムクリ、コクリ」という言葉があり、それはモンゴル人、高麗人を表すが、元寇の恐怖体験は長らく語り継がれた。この野蛮人の末裔が、今の中国人、韓国・朝鮮人、モンゴル人であり、時代が下っても中韓は文明化されなかった。それはさながら遺伝子に刻まれているかの如く、今もその血が彼らの中に流れていることを、自らの行動で明らかにすることになる。

「大清皇帝功徳碑」と「独立門」の違い

筆者は韓国でも仕事をしたが、暇を見てソウルの名所旧跡を見て回ったことがある。その一つ、松坡洞に立派な石碑が立っていたことを覚えている。何の顕彰碑かと思って近づくと「大清皇帝功徳碑」とあった。碑文はモンゴル語、満洲語、漢文で書かれており、不明な点を後ほど確認すると、それは征服者の温情に感謝した次なる文面だった。

「今まで明を宗主国として仕え、清を北方蛮族として蔑み、戦い、全ての李朝の軍が崩壊し、殺され、誰も抵抗する者がいなくなり、最後に李朝の仁祖に降伏の最後通牒を出し、それに従

ホンタイジに三跪九叩頭する仁祖

い仁祖が降伏し、それを受け入れた清の厚恩に感謝する」。

一六三七年一月三一日、仁祖は北方蛮族と蔑んだ胡服を着、三回拝跪《はいき》九回叩頭《こうとう》しているレリーフが碑の横に掲げてあった。その温情とは次なる条件で李朝の存続を認めたに過ぎなかった。

一　清に対して臣下の礼を尽くすこと。
二　明の元号を廃し、明から与えられた朝鮮王の印璽を清に引き渡す。
三　王の長男と次男、大臣の子女を人質として送ること。
四　清が明を征伐する時は遅滞なく援軍を派遣すること。
五　清の諸臣と婚姻を結び、よしみを固くする。
六　城郭に手を入れる場合は清の了解を得ること。
七　毎年、黄金百両、銀千両と二十余種の品々を献上すること。
八　清の求めに応じて、処女と宦官を献上すること。

李朝は清皇帝の恩に報いるため「迎恩門」を建立し、清の使者が来ると国王はここまで出迎え、三回拝跪九回叩頭の後、ソウルへ案内することを常とした。

顧みれば、新羅は唐の力を借りて半島を統一したが、シナの属国となり、姓を変え、服装を変え、シナの元号を使い、求めに応じてシナに処女と宦官を献上してきた。そしてシナの王朝が交代する度に戦に巻き込まれ、抵抗する男は殺され、女は凌辱されたが、それが大陸の戦争の実態だった。こうして韓国・朝鮮人は強制混血させられた混血民族になっていった。

高麗は元に、李朝は清に敗れ、降伏することで平和は訪れたが、それは上記の条件を受け入れることで保たれた平和だった。例えば高麗は、「処女を五百人送れ」と元から命じられると、これに応えるために国中の結婚を停止させて処女を選別し、送らざるを得なかった。戦争はなく、一見平和ではあったが、朝鮮民族はこの悲惨な運命から抜け出せなかった。

一八九六年、日清戦争に勝利したわが国は千年に及ぶシナの軛《くびき》から彼らを解放した。彼らは「迎恩門」を壊して「独立門」を建てたが、そこには日本により独立させてもらった喜びが表れていた。ではなぜ日清の戦いは起きたのか。それを理解するにはそこに至る経緯を知っておく必要がある。

「日鮮は同文同種」なる誤解

日本人とシナ人や今の韓国・朝鮮人は別民族である。このことを『日本人ルーツの謎を解く』、『韓国人は何処から来たか』などで証明したが、津田左右吉も次のように述べていた。

「日本民族は近いところにその親縁のある民族をもたぬ。大陸におけるシナ民族とは、もとより人種がちがう。朝鮮、満洲、蒙古方面の諸民族とも違うので、そのことは体質からも、言語からも、また生活の仕方からも、知り得られよう」(『建国の事情と万世一系の思想』昭和二一年四月『世界』)

だが昔から「日韓同祖論」、日中韓は「同文同種」なる迷信が蔓延っており、西欧列強の侵略をシナ人や朝鮮人との連携で防ごう、なる空論も飛び交っていた。そして明治政府も、鎖国政策をとる李朝に開国と維新を期待した。西欧列強の侵略を恐れた日本は、李朝が独立国となり、共にロシアに対抗することを願ったが、清は属国、李朝を手放すつもりはなかった。

シナもそうだが、半島では骨品制が確立し、千年を上回る近親婚が繰り返され、身分と血統が固定した血族集団を形成していた。だが儒教を取り入れた李朝では、十八世紀半ば以降、近親婚を避けるようになり、一族の外の名門から国王の妻を娶るようになっていた。国王に子も兄弟もいない場合、いかに遠縁であっても国王の血筋を受け継ぐ者が国王になった。第二五代の哲宗がそれである。

一八四九年、国王になった哲宗は江華島の貧農出身だったため無学で、ろくに字も読めなかった。この時代も役人は腐敗しており、賄賂が横行し、彼らは百姓を搾取することに専念した。そんな折り、儒教、仏教、道教を融合させ、地上の天国を目指した東学が李朝を揺さぶった。この運動に多くの農民が加わり「地上の天国」を求めて決起したからだ。

六三年、哲宗は三二歳で死去した。彼には子がなかったので、遠縁の高宗が即位したが若干十一歳であり、父（大院君）が摂政となり権力を握った。

六四年、突然、権力者になった大院君は東学運動の拡大を恐れ、創始者の崔済愚を処刑したが、両班による農民搾取は変わらず、この運動は民衆の間に広がっていた。

大院君はそれなりの改革を行ったが鎖国を強行し、キリスト教を邪教として宣教師や信者を虐殺、その数、数万に及んだという。そんな折、六六年七月、通商と食料供給を求めた米国のシャーマン号が大同江を遡り、平壌付近に来航すると大院君は蛮行で応えた。

「彼らは縛り上げられ、切り倒され、忌まわしい方法で手足を切断され、そして胴体は寸断された。その一部は薬用として取り出され、他は焼却された。シャーマン号の船体は、大同江岸で炎のため灰燼に帰した」（マッケンジー『朝鮮の悲劇』東洋文庫　19）

同年、朝鮮人はフランス宣教師、九人も惨殺し、抗議のフランス艦隊を追い払った。フランスから情報を得た米国はシャーマン号事件の調査団を派遣したが、彼らは事件を隠蔽し白を切った。ペリー来航に対する日本の遇しかたに比せば、彼らは非礼で野蛮だったと云えよう。

西郷の「征韓論」とは如何なるものか

一八六九年、わが国は李朝に対し、対馬藩主を通じて「修好回復を希望する」旨の国書を提出した。処がこの文書に「皇」「勅」の文字があり、印章も新しいとの理由で受け取りを拒まれた。清の属国・李朝は、「皇」「勅」の対象は清国に限られていたからだ。

「江戸幕府から明治政府に変ったのだ」と説明しても聞く耳持たず、「この文字を使うのは、日本が清に代わって隷属させる野望を持っているからであり、どうしてもこの文字を使うなら罪は日本にある。国力を尽くして戦おうではないか」と李朝は回答、交渉は頓挫した。

翌年、「皇」「勅」を使わない国書を持ち、わが国の使節団が釜山に行き交渉に当たったが、李朝の方針は変わらず、一年余りの交渉も成果なく帰国した。米国とフランス艦艇を撃退したと思った大院君は、各地に「斥洋碑」を建て、鎖国に自信を持った。

七一年、シャーマン号事件を隠蔽する李朝に対し、米国は五隻の艦隊で江華島を攻撃した。一方的な敗北を喫した李朝は身の程を知ったはずである。

翌年一月、日本は、再度正式の使節を送った。わが国が、「もはや対馬・李朝交渉は私的なもの」であると主張すると、「ならば」とばかり釜山の日本外交施設への水や食料、薪や炭の供給を停止し、更に、門前に「髪の形を変え、服装を変えた者は、もはや日本人とは言えない。不法の日本人の往来は許さない」なる告示を掲げ、釜山沖で威嚇発砲まで行った。

太政大臣・三条実美は、「わが国の誠意に応えぬばかりか、驕慢と無辱の態度を示す李朝を改めさせるには、居留民保護のために若干の陸軍と軍艦を送り、使節を送って談判すべし」という見解を表した。国内では一気に征韓論が湧き上がった。

しかし参議・西郷隆盛は軍を出すことに反対し、自ら寸鉄を帯びず、李朝との交渉におもむき、そして自らを殺害するようなことが起これば、それを持って出兵すべしと主張、意見が割れた。

一八七三年、欧米の実情を視察していた右大臣・岩倉具視を全権とする使節団が二年ぶりに帰国した。彼らは、欧米との実力差を痛感し、「日本の現況では、清との戦や、ロシアとの関係からして李朝に使節を派遣するのは時期尚早」と断じた。

この決定を見た西郷らは下野し、鹿児島に帰り、西南戦争につながるのだが、この問題は思わぬ解決をみたのである。

なぜ「日朝修好条約」は締結されたか

一八七五年、半島西岸の航路を調べていた日本海軍・雲揚が飲用水を求めようと江華島に接近すると、不意に砲撃を受けた。日本軍艦と承知の上での砲撃は明らかであり、雲揚は反撃を加え、陸戦隊を上陸させて砲台を占拠し、武器を鹵獲して長崎に帰港した。

事件後、わが国は「李朝の罪を問うべし」なる論に一決し、黒田清隆を全権として渡韓させ交渉が行われた。その時、朝鮮側の責任者の一人、呉慶錫は「皇」の字があっても問題にせず、翌年、「日鮮修好条規」（江華島条約）が締結された。これは李朝が外国と締結した最初の条約であり、第一条には日本の思いが込められていた。

「朝鮮国は自主の邦にして日本国と平等の権を宥せり」

そして李朝は釜山以外に二港を開港し、日本の領事裁判権を認め、漢城に日本公使館を開設する、などの取り決めを行った。その後、李朝はロシア、米国、欧州列強とも条約を結び、彼らも朝鮮へ進出するようになった。ではなぜこの交渉が結実したのか。それは李朝の実権が大院君から高宗（実態は高宗の妃、閔妃一族）に移ったからだ。その経緯について簡単に触れておきたい。


やがて高宗も青年となり、大院君は自分に服従する娘を実子・高宗の后にしようと探し始めた。すると妻の実家の紹介で、閔妃のことを知った。彼女は八歳で父母と死別し、貧しい家庭で育ったが賢かった。そこで大院君は閔妃を王妃として宮中に迎えた。だが高宗は李尚宮などを寵愛しており、閔妃に関心を示さなかった。それでも閔妃は立派に振る舞ったという。

一八六八年、李尚宮は高宗の子を産み、完和君と命名された。大院君は孫の誕生を喜び、それを見た閔妃は孤独感にさいなまれ、李尚宮への嫉妬が燃え上がった。そして天性の賢さを、大院君の失脚と李尚宮への復讐に集中させるようになった。

閔妃は大院君の敵対勢力を糾合し、自らの勢力を構築すると儒者の崔益鉉を使って上訴させ、大院君の攘夷・鎖国政策を弾劾した。国王への讒訴《ざんそ》により大院君と閔妃の溝は修復不能となったが、両者の確執も高宗がどちらに味方するかで決まる。果たして国王は閔妃支持に至った。

七三年、大院君は九年余りの摂政の座を降り、親政が始まった。だが高宗は酒色にうつつを抜かしており、それを良いことに閔妃は閔氏一族を高官に据え、大院君派を次々に追放、流刑、処刑し、何時しか閔氏一族の専制政治となった。

同年十二月、閔妃暗殺を狙った爆殺事件が起きたが、それは大院君の仕業と考えられている。やがて李朝は、清に頼る一派「事大派」と日本に頼る一派「開化派」に分かれて相争うようになるが、この争いに日本も巻き込まれていく。

閔妃と大院君の確執「壬午軍乱」

閔妃は高宗の寵愛を得ようと努め、一八七一年に男子を生んだが直ぐに亡くなってしまった。その三年後、閔妃は再び男子・李坧を生んだ（後の純宗）。

すると閔妃は李坧を世継ぎにするため、清の役人らに厖大な賄賂を送り始めた。というのも儒教の教えは長子相続であり、先に生まれた完和君が次の王になる可能性が高かったからだ。

また閔妃は、李坧の健康と王室の安寧を願い、連日巫女を使って踊り祈らせ、追従した重臣も踊り、狂気の宮廷となっていった。閔妃は音楽を好み、毎夜、俳優や歌手を宮中に招き、金をばらまき、自らも歌い、遊興したという。

更に霊山として名高い金剛山に合計一二〇〇万両の現金、一二〇〇〇石のコメ、織物一二〇〇疋を布施したという。だが国家財政は一五〇万両、コメ二〇万石、織物二〇〇〇疋の備蓄があるに過ぎなかったから、国家財政は破綻に追い込まれた。この浪費を賄うため、李朝は徹底的に民衆を搾取し、人々は塗炭の苦しみを味わっていた。

儒教的価値観で生きた大院君はこの嫁を許せず、何度も殺害を謀るも果たせなかった。崔基鎬氏は『韓国堕落の二〇〇〇年史』（祥伝社文庫）で次のように断言する。

「日本の愚かな女性作家が、閔妃に同情的な本を書いたことがあるが、閔妃は義父（大院君）に背恩した上に、民衆を塗炭の苦しみにあわせ、国費を浪費して国を滅ぼしたおぞましい女である。このような韓国に対する無知が、かえって日韓関係を歪めてきたことを知るべきである」(245)

一八八〇年、高宗の側室・李尚宮は急死し、完和君も変死した。下手人は実権を握った閔妃

1880年代のソウル南大門大通り

李朝末期の朝鮮人

と信じられている。

翌年、閔妃政権は日本に学ぶため、六〇名以上の視察団を派遣した。彼らは日本に鉄道が走り、洋館が建ち、多くの学校が出来ているのを目の当たりにして驚愕した。この時代、ソウルでは藁葺屋根のぼろ屋が目抜き通りに軒を連ねており、比べようもなかったからだ。

李朝は日本に支援を願いでた。わが国は願いを聞きいれ、堀本礼蔵陸軍少尉を送って軍制改革に着手した。その結果、旧軍の装備・待遇が疎かになり旧軍兵士は恨みを抱くことになった。


閔妃が権力を握ってから、財政は破綻し、官吏の給料は六年間も滞ったままだった。王宮を守る衛兵五七七二人には十三ヶ月も給料が支払われなかった。官吏は賄賂と農民搾取で何とかなったが、兵士は困窮した。加えて閔妃政権は、経費削減のために兵士の六割を罷免した。

八二年六月、兵士は「一ヶ月分の給与を支給する」という通告を受け集まり、不満を抑え期待した。当時、給与はコメで支払われていたが、配られたコメを見るとそこには土砂が混じり腐敗していた。それは、コメをソウルに送る途中、地方官吏が横領し、不足をごまかすために土砂を混ぜ、重くするため水をかけたからだ。

兵士たちの怒りは爆発した。コメを配った閔妃の親戚の家を襲い、器物を壊し財物を奪った。捕らえられれば死刑が確実な彼らは、蟄居中の大院君に窮状を訴えた。

復讐する機会を窺っていた大院君は、好機到来とばかり家臣にこれらの兵を指揮するよう命じた。反乱兵は王宮に乱入し、衛兵や閔氏関係者を襲った。本丸は閔妃だったが、彼女は変装し、ある男の背に乗り、宮女に混じって脱出に成功した。そして漢江を渡って親戚に匿われた。この事件を「壬午軍乱」という。

大院君は権力を握ったかに見えたが、閔妃は逃避先から清に文書を送り大院君を指弾した。清国は閔妃の主張を支持し、属領保護を名目に軍艦三隻と四千名の兵を派遣して乱を鎮圧し、ソウルを支配下に置いた。大院君はソウル進駐の清軍から宴会に招かれ、その場で拘束されたが、国王の父故に殺害は免れ、天津に幽閉された。

権力を掌握した閔妃一派は、大院君派十三名を凌遅刑（生きた人間の肉を少しづつ切り取り、数日間かけて殺害する中国伝統の殺害方法）にて惨殺したうえで三日間曝し、一族郎党を斬首刑に処した。

これは閔妃と大院君の争いだったが、群衆は日本公使館を襲撃し火を放った。路上の日本人は問答無用で襲われ、堀本礼蔵を含む多くの日本人が虐殺された。生き残った人々は夕闇に紛れて脱出し、仁川で英国船に救助されて命辛々帰国した。

日本は報復に沸き立った。同年八月、花房公使は護衛を伴ってソウルに乗り込み、朝鮮政府に損害賠償を要求した。当然の話である。

八月、日本と李朝は「済物浦条約」を結び、李朝は日本に賠償金五十万円を支払い、公使館警備のために漢城に若干の日本軍駐留を認め、謝罪修好特使の派遣を約した。

十月、謝罪特使が来日し、わが国は李朝の貧困を哀れみ、十万円の支払いで完済とした。更に、汽艇一隻と山砲二門を贈ったという。こうしてこの事件は落着した。

失敗に帰した独立の試み「甲申事変」

復活した閔氏は「親日」から「事大」へと転向した。これを李朝支配の好機と捉えた清は、新たな取り決めを行った。外交はシナ人とドイツ人外交顧問が掌握し、軍は清国軍の統治下におかれ、清は内政の細部に亘って干渉するようになった。シナ人は朝鮮において自国と同じように居住、営業、通交の自由を獲得し、その横暴さに接した朝鮮人の反清感情は高まっていった。

一八八四年、清国は日本の影響力を削ぐため、李朝と米、英、独、仏、伊、露との間で通商条約を結ばせた。彼らが進出すれば、日本進出の余地が狭まると考えたのだが、条約締結後、ロシアの駐韓公使ウェーバーは閔氏政権の嫌清感情を利用して親ロシア勢力を扶植していった。そして事件は起きたのである。

同年六月、ベトナムの支配権を巡って清仏戦争が勃発した。緒戦、清はフランスに連敗し、清国の威信は揺らいだ。すると金玉均らの独立党が見直されるようになり、国王も彼らを重用するようになった。清仏戦争を見て、再び日本に頼ろうとしたのだ。

十二月四日、独立党は高宗の快諾と日本の支持を得て、郵征局開設祝賀会を狙ってクーデターを決行した。彼らは王宮に侵入し、打ち合わせ通り高宗が日本に保護を求めると、日本も公使館警護の軍を派遣して国王を守った。

この乱で主な政敵を倒した独立党は翌日に政権を樹立し、六日には清国への朝貢虚礼の廃止、門閥廃止、財政改革、宦官の廃止、巡査を設け窃盗を防止し、近衛兵設置など十四項目の政治綱領を発表した。こうして国王を抱き込んだ朝鮮独立と改革は成功したかに見えた。

しかし閔妃一派が清に援助を要請すると、清仏戦争の最中、袁世凱率いる一五〇〇の清軍が派兵され、王宮を守る約一五〇名の日本軍との戦いとなった。日本軍は防御に努めたが劣勢は明らかであり、血路を開き、改革派と共に退却した。日本軍の損害は軽微だったが、ソウル在住の日本人が弁髪のシナ兵に襲われた。公使館に逃げ込めなかった約三〇名の日本人婦女子は、シナ人に凌辱されたうえ、惨殺された。

シナ人に占領されると社会秩序は崩壊し、略奪、強姦は当たり前、抵抗する者は殺害されたが、ここでも惨劇が繰り返された。これを「甲申事変」という。

福沢曰く「シナ、朝鮮は妖魔悪鬼、故に関係を謝絶す」

一八八三年一月、甲申事変の一年前、福沢は朝鮮開化を願い、漢字・ハングル混合文を推奨し、自費でハングル活字を鋳造して朝鮮で初めての新聞、『漢城旬報』を発行した。だが、清国兵の横暴をいさめる記事を書いたため、強権をもって休刊に追い込まれた。

その後、井上角五郎を渡韓させて新聞発刊を再開したが、印刷所は焼き討ちを受け、廃刊の止むなきに至った。井上は命からがら帰国し、福沢の夢は潰えてしまった。

甲申事変の後、半島に残った開化党は捕らえられ処刑されたが、刑罰は「三族を滅す」だったから、彼らの父母、兄弟、妻子、同居親族から孫に至るまで、三親等関係者は全て惨殺された。これは福沢らにとって衝撃だった。ただ金玉均の妻と娘は殺されなかった。それは、閔妃が彼女らを淫売窟に売り渡し、死に勝る恥辱を与えるためだったといわれる。

八五年二月、この蛮行に我慢ならなかった福沢は、『時事新報』に次なる論説を載せた。

「この世の地獄がソウルに出現した。私は朝鮮及び朝鮮民族をして野蛮と評価するだけでは済まず、妖魔悪鬼、即ち朝鮮民族に接するものを滅ぼし、禍を与える怖ろしい鬼の跋扈する地獄、といわざるを得ない。この地獄国の当局者は誰かと尋ねるに、それは事大党の官吏と支那人である。私は遠く離れた隣国にあり、朝鮮や支那に縁なき者だが、その内情を聞いてただ悲哀に堪えない。この原稿を書きながらも涙が止まらないのだ」

中華人民共和国（以後　中共）や韓国に投資し、何らかの関係を持つ日本人は、微笑の下に隠された彼らの本性を知っておく必要がある。三月十六日、福沢は同紙上に「脱亜論」を発表した。

「西欧文明の伝搬は世界を覆いつつあり、これを防ぐという考えもあるが、そうではなくそれを積極的に受け入れることこそ重要だ。そして日本はアジアにおいて一国だけが旧来の価値観から抜け出した唯一の国となった。だが不幸な国は隣国にあり、支那、朝鮮は近代化を拒否し、旧態依然とした体制維持に汲々としている。両国が明治維新のように政治改革が出来なければ数年を経ずして亡国となるだろう。

このような東アジアの悪友、清国、朝鮮とは隣国という理由で特別視するのではなく、欧米と同じように付き合い、日本は独自の近代化を進めることが望ましい。福沢個人としては、支那、朝鮮という悪友とは関係を謝絶するものなり」

フランスと継戦中の清国は、日本と戦端を開くわけにはいかなかった。日本も清との戦争には自信がなかった。そこで妥協が成り、一八八五年四月、伊藤博文と李鴻章との間で「天津条約」が結ばれた。

一　日清両軍は四ヶ月以内に朝鮮から撤兵する。

二　朝鮮軍隊の教練は第三国に委ねる。

三　将来、朝鮮出兵する場合、両国は互いに通知した後に出兵、事後直ちに撤兵する。

六月、清国はフランスと越南新約（天津条約）を結び、ベトナムの宗主権を放棄することでフランスのベトナム保護国化が確定した。

シナや朝鮮に「治外法権」を与えないわけ

一八七一年、「日清修好条約」が締結されたが、これは相互に領事裁判権（例えば、清国で日本人が罪を犯した時、犯人を日本に引き渡し、日本でシナ人が罪を犯せば清国に引き渡す）と協定関税率を認め合う平等条約となっていた。平等であれ不平等条約であれ、諸外国はシナや朝鮮に自国民を裁く権利を与えなかった。それはシナや朝鮮の刑罰は残虐極まりないものだったからだ。

「常人を椅子に座らせて全身を縄で縛りつけたうえで、両足の間に棍丈を差し込んで、棒を思い切りねじるという拷問を加えた。しばしば膝の関節が抜けたり、骨折したりした。棍棒で滅多打ちにするのはムンメといい……」（朴泰赫『醜い韓国人』光文社16）

「日本統治時代になってからは、日本の警察はこのような私刑を禁じた」（17）

日本が禁止するまで、このようなリンチが公然と行われていた。また李朝末期、盗賊の処刑は次のようなものだった。

「囚人たちは、その場に、大きな板でつくられた首枷をかけられたうえに、足首に重い鎖を引きずりながら引き出されていた。グレブストは先ず笞打ち刑が行われるのを見た」

「笞刑のときに使われたあの血のついた縄が、今度は彼の足をしっかり縛りつけた」

「囚人の足の内側に棒を挟んで、執行人たちは、自分の体重を全て棒の片側にかけた。囚人が続けざまに吐き出す叫び声は、聞いていても実に凄絶なものだった」

「死刑が執り行われる間、まわりでは見物人が目を見張りながら見ていた」

「執行人たちは、囚人の腕の骨と肋骨を次々に折ってから、最期に首を紐で絞めて殺し、その死体を何処へやら引きずっていった」(181)

また、カナダのジャーナリスト、マッケンジーは監獄の様子を次のように書き表した。

「その監房の中は、とても暗くて部屋に入ってからしばらくは何も見えないほどであった。地上に平らに縛りつけられている三人の男がそこにいた。彼らの背には、むち打ちで裂かれた怖ろしい傷跡があり、その手はきつく縛りつけた縄のために、所々骨が見えるほど肉が裂けていた。そしてそれらの傷跡は膿みほうだいになっていた。一人の男の目は塞がっていて視力を

失っており、まぶたからは、たくさんの膿が垂れでていた」(185)

こんな監獄に自国民を送り込むわけにはいかない。では、李朝が殺害しようとした金玉均の最後について記してみよう。

一八九四年、金玉均らが日本に亡命したとき、李朝は引き渡しを求めたが日本は「政治亡命」故に応じなかった。彼は「大アジア主義」の志士として厚遇され、日本も手当を支給しており、李朝は刺客を送り込んだが暗殺出来なかった。

十年後、李鴻章の息子(日本公使)が金玉均に会いに来た。そして「李鴻章が会いたいと言っている」と上海行きを持ちかけた。日本の友人は引き留めたが、彼は甘言に乗り、日本から同行した刺客により射殺された。

その後、李鴻章は李朝に祝電を打ち、金玉均の死体を軍艦に乗せて李朝に送り届けた。すると李朝は、彼の屍体を「六支の刑」、即ち首と両手両足を切り分け、首と手足は数日間獄門にかけ、各地に曝し、胴体は漢江に投げ捨てた。

それを知った日本の志士は、盛大な葬儀を行い巨大な石塔を建てた。

シナには更に残酷で野蛮な刑罰があり、その目的は出来るだけ惨たらしく、苦しめ、殺害することだった。累が親戚縁者に及ぶことも希ではなく、日本や欧米諸国がシナや朝鮮に「治外法権」を与えなかったのは当然だった。

清朝末期・女性への凌遅刑

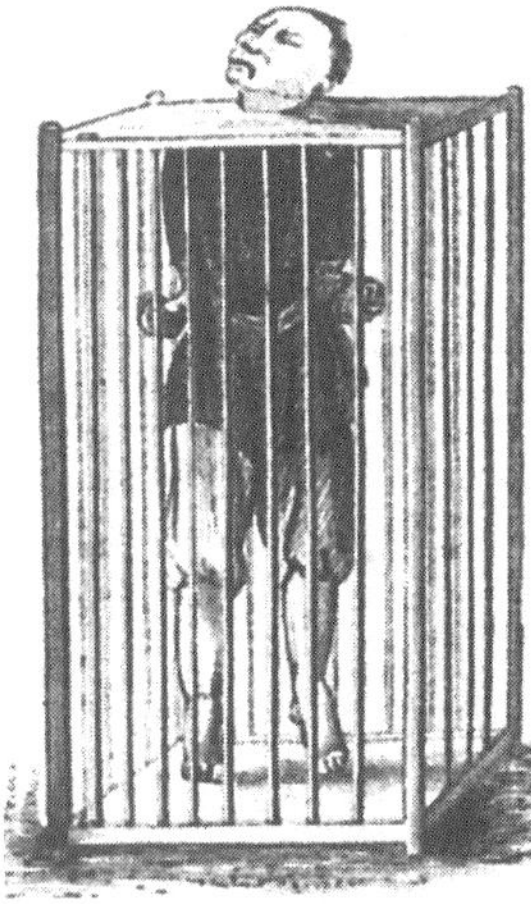

⑦站籠の苦しみ（清末『西方人筆下的中国風情』）

シナ・朝鮮での首枷

朝鮮で行われていた拷問(本文P56)

金玉均の首を晒す朝鮮

第三章

日清戦争の勝利から三国干渉へ

半島に忍びよるロシアの魔手

一八五五年、「日露和親条約」が締結され、樺太は日露の雑居地、択捉島以南は日本領、その北の島々はロシア領となった。

七四年、千島・樺太交換条約により、北方領土は平和裏に確定したが、ロシアは太平洋に進出する不凍港を獲得するに至らなかった。その後、不凍港を狙うロシアの動きはわが国の脅威となった。

甲申事変の後、日本は半島から撤兵したが袁世凱は通商事務全権として漢城（ソウル）に留まり、李朝に影響力を及ぼしていた。そのことが閔氏一族の嫌清感情を助長し、間隙を縫ってロシアが割り込んできた。そして「露韓密約」を結んでいたことが発覚した。

ロシアの南下は英国の関心事でもあった。当時、ロシアはアフガニスタンからチベットを経由し、インドに迫っていたからだ。

八五年四月、英国艦隊はロシア東洋艦隊の航路にあたる半島南端の巨文島を占領し砲台を設けた。ロシアは清と朝鮮を介して英国に抗議し、対抗措置として「半島の一部を占領する」と主張した。だが二年後、「ロシアは将来とも半島の如何なる部分も占領せず」という虚偽宣言を出し、これを保証することを条件に英国は巨文島から撤退した。

ジョルジュ・ビゴーによる風刺画・朝鮮を狙う日清とロシア

この動きを見て、「ロシア強し」と信じた朝鮮は、ウェーバー公使の甘言に乗り、ロシアへの傾斜を強めていく。そして八八年、「露韓陸路通商条約」を締結し、翌年には北部の慶興にロシア租界地が設けられた。更に、豆満江の自由航行権を獲得したロシアに、半島侵略の意図があることは誰の目にも明らかだった。

東学党の乱と金弘集による「甲午改革」

一九八五年十月、高宗の申し出もあり、天津に幽閉されていた大院君は袁世凱に伴われて帰国した。権力は剥奪されたが、彼には未だ多くの手下がおり、徐々に活動を開始した。その彼が日本人官憲と友好関係を築いたのは、閔妃への反撃の機を窺っていたからだ。

九四年二月、閔氏一派の苛斂誅求により農民一揆が勃発した。その目的は、腐敗した李朝を倒し外国勢力を駆逐することにあった。更に、酷税の廃止、官吏の不正防止、横暴な特権商人の追放を掲げ、農民一揆は暴徒化した。彼らは政府軍を破り、半島南西部の全羅道の中心部を占拠するに至った。これを「東学党の乱」という。

大院君はこの動乱を利用し、閔氏打倒を目指したが、国王と閔氏政府が清国に乱の鎮圧を要請すると、それを知った農民軍は十一日、李朝と協定して解散してしまった。

六月十二日、李鴻章はかまわず歩兵二千人を忠清道の牙山に送り、その数四千名に達した。袁世凱はこれを、閔氏政権からロシアを排除する好機と捉えた。同時に、天津条約に基づき、わが国へ出兵通告を行った。

日本もシナに通告し、シナ兵による居留民凌辱や殺害を防ぐため千名の軍を送り、その後日本軍は増強され、広島に大本営を設けたが、それは清との一戦を覚悟したからだ。

李朝は日清両軍の撤兵を要請した。日本は日清共同で朝鮮改革を行い、独立させることを提案したが清は拒否。英国も調停案を出すが、清は「日本軍のみの撤兵」を主張した。

福沢諭吉は「出兵する以上は、朝鮮の文明進歩のためにその力を利用せよ、そうしなければ改革は不可能」と説いた。そしてシナ兵を「凶器を支給された無頼漢（悪事ばかりはたらくゴロツキ）」と形容していたが、それが正しいことがやがて明らかになる。

日本は李朝に「独立を阻害する清軍の撤兵と宗属関係を決した条約の廃棄」を求めた。

六月二六日、日本は国王に、ロシアとシナの追放を意味する内政改革を勧告した。

七月十九日、清は清韓間で条約を結び、李朝を脅して日韓交渉を妨害していることが発覚した。そこで日本公使は朝鮮政府に清との条約破棄、国内改革の実行と清軍の撤兵を求めた。

二三日、回答期限が過ぎたので日本軍が漢城に向かうと、朝鮮軍との間で戦闘が起きたが、日本軍は簡単に撃破し、景福宮を占領して国王の身柄を確保した。

その上で金弘集を首班とする内閣を誕生させ、高宗は「新政の勅諭」、「大院君に政務委任の勅諭」などを下した（『日支交渉外史』葛生能久）。そして国王がロシア公使館に移り住む、九六年二月まで続いた改革を「甲午改革」という。

両国の開戦理由は何だったか

一八九四年七月二五日、政権の座についた大院君は清の属国であることを拒否し、ソウル南方百キロの牙山に駐屯する中国兵の駆逐を日本に要請した。日清戦争の勃発である。

二九日、日本陸軍は牙山に進軍、交戦し、清軍を撃退した。

三一日、清国はわが国に国交断絶を通告、翌日、日清両国は互いに宣戦を布告した。日本の宣戦理由は以下の通りだった。

「朝鮮は独立の一国である。だが清国は朝鮮をして属邦と称し、陰に陽に内政に干渉し、日本は朝鮮の政治を改革し、内政は治安を良くし、外交は独立させるよう勧め、朝鮮は既に了解しているのに、清国はこの動きを妨害している」

対する清国は以下を宣戦理由とした。

「朝鮮は我が属邦であること二百余年、毎年その取り決めに従って行動していることは、誰の目にも明らかである。この現状変更は許さない」

清はアヘン戦争に敗れたが〝眠れる獅子〟と恐れられていた。故に欧米の観戦武官は清国有利との見立てだった。その時代、シナ人は日本を次のように見ていた。

「当時の支那人の全ては自国の優越感に染め上げられており、小さな島国の日本に対しては軽侮の念を抱いていた。支那人にとっては、倭人が支那を撃破しうるなどとはとうてい信じられなかったが、それは数年の後、ロシア人が、ツアーの大帝国に対して日本が敢えて戦いを挑むことなどあり得ない、と考えていたのと同様であった」（マッケンジー『朝鮮の悲劇』東洋文庫39）

「一般の支那人たちは、次のように確信していた。即ち、二ヶ月もすれば、あの日の出の国日本は永遠の暗黒地帯と化してしまい、倭人は全て抹殺されるだろう。四千万が四億を超えるものに対して何が出来るというのだろう？」（45）

だが戦の推移は、極東にいた殆どの白人たちは元より、全世界の一大驚異となった。特にシナ人と朝鮮人に与えた衝撃は絶大だった。

シナ人の対日優越感を逆転させた日清戦争

それは海戦から始まった。

一八九四年七月二五日、連合艦隊、第一遊撃隊三艦は清国軍艦二隻と遭遇した。両艦の距離が三キロになった時、清艦が発砲した。日本艦隊は応戦、数分にして清艦は敗走を始めた。巡洋艦・浪速（艦長・東郷平八郎大佐）は敵艦を追撃中、英国国旗を掲げた輸送船、高陞号《こうしょう》に遭遇した。臨検の結果、この船は清国兵千二百名、砲十四門、武器弾薬を積んで朝鮮に向かっていることが明らかになった。

英国は中立国であり、英国国旗を揚げて清国の兵員・武器の輸送は国際法違反だった。東郷は随行命令を発し四時間にわたり説得したが、清国兵は英国人船長を脅迫して拒絶した。そのため艦から離れるよう命じ、警告の後に撃沈した。東郷は明治初頭、英国に八年間官費留学しており、英語に堪能であると同時に国際法にも精通していた。

自国の輸送艦が日本海軍により撃沈されたと思った英国世論は沸騰したが、上海の英国海軍裁判所は浪速の行動を「正当」と宣言した。更に英国の国際法学者ホランド伯爵が「日本の行動は国際法上適法」と英国の『タイムズ』紙に寄稿したことから、英国世論は沈静化した。

海戦が始まると、帝国海軍は九月には北洋艦隊を撃破し、十月には旅順を占領、撃沈を免れた敵艦は山東半島の威海衛に逃れた。日本軍は陸と海から威海衛を攻撃し、敵の旗艦定遠はじめ殆どを撃沈し、撃沈を免れた艦船を鹵獲することで清国海軍は全滅した。

一八九五年二月、提督・丁汝昌は降伏し、海戦は日本完勝のうちに終わりを告げたが、この敗北はシナ人に衝撃を与えた。

旅順戦と反日プロパガンダの始まり

牙山で敗北した清軍は平壌で日本軍の阻止を試みた。だが清国精鋭、左将軍に率いられた五千の奉天旅団でさえも日本軍の前に脆くも敗北した。他の清軍は烏合の衆であり、彼らは破壊と掠奪に専念した。

「旅順攻略後、同地区行政丁の長官になった鄭永昌の報告によれば、日本軍の花園口上陸（十月二十四日）を聞くや、旅順市長は忽ち恐怖の念を起こし、ひそかに家族とともに芝罘《チーフー》（対岸の山東半島）へ退去したため、人心は大いに乱れ、市民はみな財産家族をまとめて陸続芝罘へ遁れ、又は近村に移転するもの数を知れず、とある。

更に〈支那兵が旅順に駐屯するや、恣《ほしいまま》に民家に乱入し、家具を破壊し、財産を掠奪せしもの少なからず、故に日本軍の進撃せし時は旅順市街すでに空虚なり云々〉と旅順攻略前後の状況を述べている」（『大東亜戦争への道』展転社60）

だが米国の『ワールド』紙は、十一月二一日、日本軍が旅順を攻略した際、「日本軍は旅順陥落の翌日から四日間、非戦闘員、婦女子、幼児など約六万人を殺害し、殺戮を免れた清国人は旅順全市でわずか三十六人に過ぎない」と報じたという。ではその実態とはいかなるものだったか。

日本軍は国際法学者を伴って戦っており、その際の『日清戦役国際法論』を著した有賀長雄博士は次のように論じた。

一　旅順の敗残兵は民家の中から銃撃してきたため、家屋に銃撃したのには理由がある。
二　敗残兵は民間人の服装をしたものも多く、兵士と非戦闘員を区別することは困難だった。
三　婦女の強姦や婦女幼児殺害は「事実無根」とし取り上げもしなかった。
四　支那人は全く戦争法規守らないのだから、日本はこの戦闘結果に一切責任なし。
五　しかし日本は、支那が無法を働いても、自らは国際法を遵守すると決心したのだから、その決心に対して責を負う余地がある。

この頃、明治天皇のご意向により、わが国は赤十字条約に加盟し、「海上国際法に関するパリ宣言」にも加入していた。『ワールド』紙は根拠を一切示さなかったが、日本政府は根拠を示し、次のように欧米諸国に説明した。

一　旅順戦では必要以上の血が流されたかも知れないが、外国紙、特にワールド紙特派員特の報道は誇大で煽情的である。
二　清国兵は一般市民に変装して密かに武器を持ち、日本軍を攻撃した。
三　市民服を着ていたが、その下は軍服だった。

日清戦争での日本軍の射撃

四　支那兵の捕虜となった日本兵は惨殺されたが、日本軍は軍紀を守った。
五　投降した支那兵は日本側の厚遇を受け、護送された。

外国人特派委員の証言もあり、各国は日本の説明に納得することとなったが、この話は反日プロパガンダの嚆矢となった。

フランス人従軍記者「中国兵は野蛮人に等しい」

では『ワールド』紙は報じなかったが、中国兵は日本兵に何をしたのか、外国人特派委員の証言を引用しておこう。元寇以来数百年過ぎても中国人は野蛮人の域を脱していなかった。それは、中国人の行状を見たフランス人従軍記者の印象であった。

「〈余ら（フランスの従軍記者）は日本帝国の如き慈愛心に富める民あるを、この広大なる地球上に発見しうるかを怪しむなり〉とまで称賛し、続いて支那軍についてはこう書く。
〈ひるがえって清軍を見よ。日本軍卒の一度彼らの手に落つるや、あらゆる残虐の刑罰を以ってこれを苦しめるにあらずや。或は手足を断ち、或いは首を斬り、睾丸を抜く。その無情、実に野蛮人に等しい。しかし日本は暴に酬《むく》いるに徳を以ってす〉（後略）
牙山で我軍に敗れて平壌に退いた清軍は、朝鮮人に対して掠奪、強姦、虐殺を恣《ほしいまま》にし、清軍の行くところ人民は悉《ことごと》く町や村を捨てて避難する有様で……」（『大東亜戦争への道』55）

「（明治）二七年十一月十八日、旅順北方に斥候に出た我が将兵十一名が、中国軍に虐殺された様を現認した秋山好古・騎兵大隊の稲垣副官が書いた手紙は〈敵は我軍の屍に向かって実に云うべからざる恥辱を与えたり。死者の首を斬り、面皮を剥ぎ取り、或いは男根を切り取り、胸部を割きて入るるに石をもってす。この様を見て誰か驚かざらん〉とある。

いずれ詳述するが、稲垣副官の手紙にあるような凄惨なまでの殺害方法は、これ以後、大東亜戦争に至るまで、無数の日本人に対して実行されたのである」（56）

福沢諭吉は中国兵に対し「凶器を支給された無頼漢」と形容したが正鵠を射ていた。彼らの野蛮行為により、一八九四年九月、京城に入った山縣有朋第一軍司令官が出した布告がある。

「敵に対しては軍人と雖《いえど》も降るものは殺すべからず。然れどもその詐術にかかる勿《なか》れ」

中国人は降伏と見せかけ隠し持った武器で攻撃し、第三国の旗を掲げて参戦していたからだ。また中国人の残忍さを知った山縣は次なる一文を加えた。

「敵国は古より極めて残忍の性を有せり。誤って生け捕りに遇わば、必ず残虐にして死にまさる苦痛を受け、遂には野蛮酸毒の所為を以って身命を殺害せらるるは必然なり。故に決して生捕りする所となるべからず。むしろ潔く一死を遂げ、以って日本男児の名誉を全うすべし」

これが『戦陣訓』の「生きて虜囚の辱めを受けるなかれ」となり、大東亜戦争終結に至るまで日本軍人を律した訓令となった。その原因は、想像を絶する中国人の野蛮・残虐さにあった。

なぜ中国兵は強盗・強姦集団になるのか

中国軍とは日本軍とは全く別の武装集団だった。イザベラ・バードは『朝鮮紀行』（講談社学術文庫）の中で、満州族というか、中国兵の行状を記していた。

「満州族兵士は南進する途中、手当たり次第にものを略奪し、料金も払わずに宿屋を勝手に占領し、宿の主人を殴り、キリスト教徒と云うより西洋文明への反感からキリスト教聖堂を荒らした」（267）

「医療設備も救急隊もなく、傷病兵は身ぐるみ剥いで置き去りにするのが清国の習慣で、傷病兵には用がない。兵站部はまったくなく、無能であるばかりか、とんでもない不正を働き、物資が集められても請負人がそれを自分たちの儲けにしてしまう。

従って予め用意された食料や飼料は殆どなく、ほんのしばらくで兵士たちは勝手に物を盗み出し、馬や輸送用のラバを食べ始める」（271）

「この時狩り出されたラバ車は、後にラバは飢えた兵隊の食料に、車はそれを煮炊きする燃料となった。満州族兵士がなだれ込んで来るにつれ、商店が閉鎖して街路は人気がなくなり、商人の多くは山間部へ逃げ出した。

いっそ日本軍が占領して安全と秩序を取り戻してくれないものかと願う被害者も多かった。農家の作物が全て盗まれるか、盗まれなくとも収穫にいけないので、食料の値段が上がった」(272)

これが中国軍に兵站部はなかった理由である。代わりに、畑であれ民家であれ、商店であれ、掠奪は自由だった。そうしなければ生きていけない中国兵は当然の如く掠奪し、強姦し、抵抗する者は躊躇なく殺した。だから一般人が逃げだすのも当然だった。

これが、中国兵が進軍、敗退、占領地域で自国民、外国人の見境なく強盗、強姦集団となる理由だった。

下関条約による朝鮮の独立と改革

陸戦、海戦とも日本軍は圧勝し、九ヶ月足らずで勝敗は決した。

一八九五年三月になると、日本軍は北京に迫ろうとしていた。ここに至り清は講和を申し込んできた。交渉は下関で行われ、日本全権は伊藤博文、陸奥宗光、清国全権は李鴻章らであった。

四月十七日、「下関条約」の締結で日清戦争は終わりを告げた。十一条からなる条約の主要三項目を挙げてみたい。

一　清国は朝鮮国の完全無欠なる独立自主の国たるを確認す。因って右独立自主を損害すべき朝鮮国より清国に対する貢献典礼等は将来全くこれを廃止すべし。
二　清国は　①遼東半島、②台湾、③澎湖島を永遠に日本に割譲する。
三　清国は賠償金二億テールを日本に支払う。

こうして朝鮮民族はシナの軛《くびき》から解放された。今まで彼らは毎年金銀と品々を献上し、求められるままに処女と宦官を貢いできたが、その必要はなくなった。わが国が冊封と華夷秩序を崩壊させたため、朝鮮王は初めて皇帝を名乗ることが出来た。そして日本の影響で行われた改革を、イザベラバードは次のように記していた。

「清との関係が終結し、日清戦争における日本の勝利とともに、中国の軍事力は無敵であるという朝鮮の思い込みが打破され、本質的に腐敗していたふたつの政治体制の同盟関係が断ち切られた。
貴族と平民との区別が少なくとも書類上は廃止され、奴隷制度や庶子を高官地位に就けなくしていた差別もなくなった。残忍な処罰や拷問は廃止され、使いやすい貨幣が穴あき銭にとってかわり、改善を加えた教育制度が開始された」（『朝鮮紀行』561）

また、彼女は「朝鮮にはその内部から自らを改革する能力がないので、外部から改革されねばならない」（563）と見ていたが、その改革が日本の指導で進められた。

日本の国家予算が八千万円の時代、賠償金は三億六千万円に上った。これが英国のポンド金貨で支払われた結果、日本は金本位制に移行出来たといわれる。

ロシアが清に求めた「三国干渉」の見返りとは

清国全権・李鴻章が締結した下関条約に対し、清の内部は反対論で沸き返った。それを見た実力者・張之洞は講和条約の廃棄を皇帝に上奏した。

「英国かロシア艦隊を動かして横浜か長崎、あるいは大本営のおかれた広島を襲わせたら、日本は恐れおののくだろう。その為なら、ロシアに新疆を与え、英国にチベット与え、威海衛、旅順、台湾などはロシアか英国に与えても良い」

愛琿条約により清から沿海州を手に入れ、不凍港を求めて満洲、遼東半島、朝鮮半島を狙っていたロシアにとって、この意向は渡りに船だった。清に西欧列強の干渉を呼び込む下心があったため、三国干渉は行われた。

下関条約調印の一週間後、日本の影響力が満洲に及ぶことを警戒したロシアは、ドイツ、フランスを誘って「遼東半島を清国に返還せよ」と日本に勧告した。

対抗する軍事力を持たない日本は、この干渉を受け入れざるを得なかった。国民は激昂したが、明治天皇は国民があらぬ方向に傾かぬよう戒められ、国論は沈静化した。ここに至り、軍備の貧弱さを思い知らされた日本は〝臥薪嘗胆〟を心に決めた。

一八九五年四月、ロシアは清に対し、下関条約で負った対日賠償金の借款供与を申し出た。七月、フランスと共同で借款を決めると、ロシアは三国干渉で遼東半島を返還させた労と借款供与の見返りを求めた。これは悪党の手法である。

翌年五月、李鴻章はサンクトペテルブルグで行われたニコライ二世の戴冠式に出席し、その後、秘密会談が開かれ、六月三日、李鴻章は次のような「露清密約」を締結した。これは日本を仮想敵国とした相互援助条約であることは明らかだった。

一　日本がロシア極東、朝鮮、清に侵攻した場合、露清両国は陸海軍で相互に援助する。
二　締約国の一方は、もう一方の同意無くして敵国と平和条約を結ばない。
三　戦争の際は、清の港湾は全てロシア海軍に開放される。
四　ロシア軍を移動するために、満洲を通過してウラジオに至る鉄道建設を許可する。
五　上記資金と運営は露清銀行（ロシアの銀行）が引き受ける。
六　ロシアはこの鉄道を使い何時でも軍と軍需品を輸送できる。
七　この条約は十五年間を有効期限とし、満了後は双方協議を行う。

更に、ロシアの役人や警官の治外法権が認められ、ロシア軍の移動は自由となった。東支鉄道会社が設立されるとロシアは密約を拡大解釈し、鉄道から離れた都市や鉱山も鉄道付属地として支配下に置いた。しかも地代は支払わず収益は無税だった。ロシアに有利な条約を結んだ李鴻章は、五〇〇万ルーブルの賄賂を受け取ったと云われるが、それは中国人の常態だった。

同年十月、南満洲を縦貫する東三省鉄道と東支鉄道との接続も認めさせたロシアは、満洲、遼東半島から朝鮮半島を狙っていることは明らかだった。

一八九七年三月、ロシアは艦隊を派遣して旅順・大連を占領し「旅順・大連租借に関する条約」を結ばせ、その後、遼東半島全域を租借区域として支配下に置いた。

ロシアは日本の怒りを和らげるため、「西（徳三郎外相）・ローゼン（駐日公使）協定」を結び、朝鮮に於ける日本の商工業上の優越を認めた。だがロシアは朝鮮を諦めたわけではなく、不凍港・旅順軍港への鉄道建設を計画し、八月にはウラジオからシベリア鉄道を結ぶ東支鉄道を着工した。

これを見た英国は、旅順を自由港にすることをロシアに求めた。だがこの時代、米国はフィリピンを巡ってスペインと戦争状態にあり、英国の要請に十分な協力ができなかったため、ロシアはにべもなく拒絶することができた。ではなぜ米国はスペインと戦争を始めたのか。

第四章

帝国主義国家・米国のフィリピン侵略

米国の次なる標的・フィリピン略取

インディアンを滅ぼした恐怖の「デスティニー」はハワイ、グアムを超え、東南アジアで最初に血祭りに上げられたのがフィリピンだった。

一八九七年、米国の新聞に「米国婦人を裸にするスペイン官憲」なる虚報が載ったが、これは戦争の前触れだった。米国は戦争の前に必ず事件を起こし、口実を作り、世論を操作し、国民の敵対感情を煽ってきたからだ。

翌年二月、キューバのハバナ湾に停泊していた米国戦艦メイン号から、白人乗組員の上陸が終わった直後に爆発が起こりメイン号は沈没、船内にいた有色人種二六六名が亡くなった。謀略の臭気紛々たるこの事件を理由に、米国はスペインに宣戦布告した。

戦いはカリブ海からスペインの植民地フィリピンに飛び火し、米艦隊はスペイン艦隊に不意打ちを食らわせ圧勝したが、マニラには一万人のスペイン陸軍が健在だった。これには対抗出来ないと見た米国は、対スペイン独立戦争を指揮していたアギナルドに「勝利の暁には独立を与える」と約束し、味方につけ勝利した。

翌年六月、アギナルドは晴れて独立を宣言したが、この地をシナ進出の拠点にすると決めた米国は独立を認めず、併合してしまった。対米独立戦争が始まったのは当然だった。その主体

捕えた子供を射殺する米兵
「10歳以上の者は全員皆殺し」と書いてある。

は対スペイン独立戦争を戦ってきたリカルテ将軍であり、一部の日本人も加わった。

手こずった米国司令官（ダグラス・マッカーサーの父）は、「レイテ島などの住民は男女を問わず皆殺しにせよ」と命じ、インディアンを大虐殺した指揮官を本国から呼び寄せて殺戮を開始した。彼らはフィリピン人虐殺に何の罪悪感も持たなかった。その証拠に米国の新聞は、「十歳以上は見つけ次第銃殺」というキャプションの付いた子供の集団銃殺写真を載せていた。

やがてアギナルドは降伏し、リカルテは戦い続けたが一九一五年に日本に亡命し、対米独立戦争は一旦終止符が打たれた。

この征服戦争で、米国は公式に「フィリピン人二〇万人を殺した」と認めたが、女性や子供を含めると一五〇万人以上を殺害したと見られており、その後も反米活動が止むことはなかった。


米国は日本の動向が心配だったが、「日本は如何なる国が南太平洋で隣邦となるよりも、米国が隣邦となることに賛成した」ことを知り安心した。

米国も、「朝鮮は古代に於ける征服の歴史及び伝統から判断しても、日本に属すべきである。米国が日本に向かって朝鮮の独立を押しつけるなら、誤謬を犯すことになろう」なる意向を表明し、日米関係は極めて良好だった。

米国はドイツの反対も懸念したが、ドイツをライバル視する英国は米国に接近し、米国領有を承認することでドイツを黙認させた。

なぜ米国はフィリピンを奪ったか

ではなぜ米国はフィリピンを奪ったのか。その理由をグリスウォルドは次のように記す。

「若し米西戦争が、キューバを解放する十字軍たるに止まっていたならば、米国外交の変化はそれほど重要でなかったであろう。しかし、米西戦争は更に深入りした。

大統領ワシントンの告別演説に表示されている米大陸の国境を越え、有名なモンロー主義やデスティニィ宣言を超え、また、表面上避くべからざるものとされていた米国のカリビアン海制覇を超え、更に、懸案であったハワイ併合をさへ超えたのである。即ち、武力によってフィリピン群島を撃破し、米国の植民地と化したのである。この群島は支那海岸を距てること凡そ六百マイルの海上に横たわり、米国のカリビアン海制覇に無関係なのはもとより、米国の米大陸保全には何ら連繋もなかった。

フィリピンの併合により、米国は西半球の住み慣れたそして満ち足りた家を出て、世界政策、海軍競争及び帝国主義的主権の無制限な領域に踏み入ったのである。

このような米国外交空前の前進が、世界の各地に重大な影響を与えたことは言うまでもないが、フィリピンを含む極東地帯へのそれは、特に深刻であったと言える」（エール大学助教授、A.W.グリスウォルド著・柴田賢一訳『米国極東政策史』ダイヤモンド社　昭和十六年

4）（旧カナ遣いは新かな遣いへ、旧漢字は常用漢字へ変換）

下関条約直後、米国はハワイ、フィリピン、グアムを併合し、帝国主義的な無制限な領域に踏み込んだ。米国は、国家的利益の最終目標をシナに定め、マニラをシナ進出の拠点、英国の香港たらしめようとしたのだ。では、なぜシナに進出しようとしたのか。

米国のシナ〝エルドラド〟幻想と門戸開放宣言

十九世紀の中頃以来、極東の米国外交官は「将来、シナとの米国貿易は欧州を凌駕するであろう」と予想してきた。この予想は領土拡張論者の間で特に持てはやされた。

「マハンは、支那には数百万の顧客が約束されていると説き、支那及び支那人の持つ欠点を、資本投資の大機会があり、米国人の開発を待ち侘びている第二のエルドラドたる鉱山資源がある、との幻想によって充たしていた。

彼らは、支那民衆には買うべき金銭はなく、借りるべき信用がない事実を余り考えなかったのである」（『米国極東政策史』145）

〝マハン〟とは一八九〇年に『歴史に於ける海軍権力の影響』を出版することで、米国民が待望していた海外拡張への予言的な役割を果たした戦術家だった。そして〝エルドラド〟とは南米大陸北部にあると信じられた黄金郷である。

マハンの影響で、一般市民、経済人、政治家、極東の外交官まで、シナとの貿易により多大な利益がえられるという幻想を抱いた。

「一八九六年から九七年に至る外国貿易の年報は、〈世界市場に於ける米国の位置がどうなろうとも、支那市場は尤も有望なものの一つである〉との希望論を述べている。この広大な帝国で、米国が機会均等を確保し得れば、〈当然の結果として、我国から日用品、種々の貨物等、恒久的な輸出が予想され、わが製造業の享受する得利益は極めて大なるものがあろう〉と言うのである」(61)

だが三国干渉の見返りに、ロシアが満州での権益を確定させたことで、西洋列強もシナでの権益を確定させていった。

九八年一月、英国は借款と引き替えに長江流域の鉄道敷設権を得、ロシアに対抗し、五月には旅順対岸の威海衛を租借した。更に九龍半島を九九年間租借し、揚子江沿岸を勢力範囲とした。

十一月、フランスは広州湾の九九年間租借を得、海南島と広西・雲南を自己の勢力圏とした。

同年、台湾を領有した日本は、対岸の福建省を自国の勢力範囲とした。

ドイツは、宣教師二人が殺害されたのを口実に膠州湾を占領し、九九年間の租借権と山東省の鉄道敷設権・鉱山採掘権を認めさせた。

米国がフィリピンを併合し、シナ進出を目指した頃、シナの権益は西洋列強により分割取得され、米国が手を出す余地はなくなっていた。

一八九九年九月、もはや手遅れであることに気付いたジョン・ヘイ国務長官は、その対抗策として日、英、仏、独、伊、露の六ヵ国に「シナに対する門戸開放通牒」を送り、経済的機会均等を訴えた。だが勢力圏は確定しており、列強の同意を得られなかった。

日米抗争の本質は何だったのか

米国はシナの門戸開放を迫り、商業的関心を持ち続けたが夢は実現しなかった。米国が貿易や投資で利益をあげたのは日本であり、日本はアジア最大の顧客だった。

「米国の対日貿易額は、支那のそれを遙かに凌駕している。外交関係は、前者と敵対的で後者と友好的であるにも拘わらず、一九〇〇年以来の米国の対日貿易は、対支那貿易に約二倍し時には三倍に達した。（中略）

この数字は、日本が米国にとって第三の顧客であり、米国が日本に取って第一の顧客であり、支那は、遙か下位に位することを示している」（『米国極東政策史』488）

グリスウォルドは、「これらの数字により推論して、支那に於ける門戸開放は、米国の国民的利益に対して、死活的重要性を有する、との考えが不適当であることが判るであろう」と結論づける。米国は、極東での貿易や投資に期待を抱き続けたが、一九三七年になっても実現しなかった。三一年から三五年の対外貿易の十九％は極東貿易であったが、それは欧州の半分に過ぎなかった。

一九三五年の極東貿易を見ると、四三％が対日貿易であり、二四％が蘭領インド、英領マレー、仏領インドシナの合計であり、十八％が対フィリピン、十四％がシナとの貿易だった。「友好関係の支那」と「敵対関係の日本」との違いは一目瞭然、米国が如何に肩入れしてもシナは取るに足らない貿易相手であり続けた。

投資の統計も外交政策と矛盾している事を示している。米国の極東投資は、一九一二年に一億ドルだったが、一九三五年には七・五八億ドルへと増加している。この額は海外投資総額の凡そ六％に相当するが、内訳は日本への投資が約五十％、フィリピンが約二十％、シナが十七％となっている。

即ち、米国の貿易や投資先で重要な国は日本だった。国務省はシナの門戸開放を喧伝し、銀行家に政治的庇護を約束して対支投資を求め、影響力を強化しようとした。しかし政府が如何に投資を促しても、シナの価値は最下位のままであり、投資団は政府の云う「好機」に興味を示さなかった。

米国はシナ進出の橋頭堡としてフィリピンを獲得した。そして米国が〝エルドラド〟と夢想したシナ進出の阻害要因が日本である、と誤認したことが日米抗争の基底をなしたのである。

第五章

北清事変から日英同盟へ

義和団事件とロシアの満州占領

一八九九年、ドイツの租借地、山東省で義和団暴動が勃発した。彼らは「扶清滅洋」を合い言葉に、西洋が持ち込んだ、鉄道、送電線、教会を破壊し、野蛮人としての本性を顕した。

「義和団が暴れ出した発端は布教に来たドイツ人宣教師らの傍若無人な振る舞いにあった。彼らは特権を笠に着て、仏教寺院を壊してはキリスト教会に建て直していった。彼らは専横で乱暴だった。仏教徒は怒って抗議したが、白人宣教師と中国人信徒はそれに暴力でこたえた。

争いは広がり、山東省太原では遂に二三〇人の宣教師とその家族、尼僧らが義和団や同調する仏教徒たちによって虐殺された。彼らは北京を目指し、その道すがら家々を襲ってキリスト教徒なら火あぶりにし、あるいは生皮を剥いで殺して家財を奪った。キリスト教徒でなければ強姦と掠奪だけで済ませた。

賽金花（売春婦　引用者注）の顧客だったドイツ公使フォン・ケトラーは怒った。強い人種差別主義者だった彼は報復に怪しい中国人を殺して回った。これを知った義和団は各国外交官も処刑リストに入れた。最初の犠牲者は日本の外交官、杉山彬で生きたまま八つ裂きにされた。その数日後、清国外務省に向かったケトラーの一行が義和団に襲われた。彼は耳鼻を削がれたうえ、生皮を剥がされ絶命した」（高山正之『習近平よ反日は朝日を見倣え』新潮社17）

翌年になると暴動は河北省や山西省から満洲に広がり、四月には北京に及んだ。『中国青年報』の附属週刊誌はこの暴動を次のように批判した。（この記事は中共当局の検閲により直ちに発禁処分となった）

「彼らは扶清滅洋をスローガンに、北京の外国居留民の皆殺しを謀り、わずか一ヶ月の間に児童多数を含む外国人二百三一を殺害した。反動的で反文明的な事件だった」（平成十八年一月二六日『産経新聞』）

野蛮という点ではロシア人も負けてはいない。同年七月、ロシアは「義和団から東支鉄道を保護する」、という名目で大軍を送り込み、鉄道に関係ない町や村を攻撃し、銃剣をもって無辜の住民を殺し、追い散らした。

例えば、黒竜江東岸の「江東六四屯」（六四ヵ村）では、一万人以上の満洲人と漢人が農業を営んでいたが、ロシア人は彼らを襲撃し、五、六千人を虐殺、屍体を黒竜江に投げ捨て占拠した。こうして十月には全満洲を占領した。

「その勢力は堅実に、しかも明らかに逆らいがたく、韓国そのものへと進出し、少なくとも北部韓国がロシアの支配下に入るということは、ただ時間の問題に過ぎないように思われた」。「ロシアの極東官吏たちの商業政策は、英米商人たちの極めて激しい反発を引き起こした。ロシアはその進出につれて、外国人を犠牲にして自分自身の貿易利潤を増進するため、可能なあらゆることを行った」（『朝鮮の悲劇』100）

満州占領後、ロシアは欧米貿易を締め出しにかかった。「門戸開放通牒」を発した米国は強く反発したが、時すでに遅く、何も出来なかった。

北京の公使館区域を義和団が包囲すると、一八九三年に摂政になった西太后は暴徒を義兵と見做して各国に宣戦布告した。

四千名以上の欧米居留民の籠城も限界に近づき、各国は軍隊を派遣して共同で居留民を守ろうとしたが兵力に限界があり、日本に出兵要請がなされた。ロシアは、北京籠城者が皆殺しになれば満洲占領の絶好の口実になるため、日本の出兵に非協力と云うより妨害に回った。

北清事変「最終議定書」の締結

わが国は出兵に慎重だったが、英国から四度にわたる要請がなされた。それに応える形で日本は、列強承認の下、一個師団の派兵を決めた。

その後、日本軍を主力とする約二万の八ヵ国連合軍は六月に天津を解放した。その時、連合

柴五郎

軍兵士は掠奪、強姦を働いたが日本兵は一切行わなかった。北京の攻防では、英語、仏語、シナ語に堪能な柴五郎が指揮を執り、八月に居留民を救出した。敗北を喫した西太后と光緒帝は西安に逃れた。

日本の行動を時に歪曲し、批判的だったマッケンジーでさえ、この時の日本軍を次のように評価した。

「ロシアが極東で、このように一挙に恐怖と反発をひき起こすような情勢を取って世界に自分を見せびらかせていたとき、他方で日本は、我々にその最善の姿を提示した。

一九〇〇年、義和団事件のとき、連合軍の一部を成していた日本軍は、その有能と克己とを示して全世界を驚嘆させた。日本軍の勇敢さ、その見事な組織、及びその規律は、各国の老練な軍事専門家や報道員によって賞賛された」（『朝鮮の悲劇』101）

この事件を「北清事変」というが、その後、連合軍は北京城内を国別に分割統治した。

その時代、「軍隊は掠奪を行う」が常識であり、英仏は勿論、各国軍隊は当然の如く掠奪をした。特にロシア兵は強盗、強姦集団と化し、中国人を恐怖に陥れた。ジョージ・リンチ著『文明の戦争』によるとロシア地区の状況は次の通りであったという。

「死よりも甚だしきこと毎日繰り返され、階上から飛び降りて死を図るもの、水に投じて死ぬもの、縊死《いし》（首をくくって死ぬこと）するもの、ご用済みの後で殺されたり……悲運の婦女子あり。ここから日本地区に避難する者、まるで洪水の如く……」（『大東亜戦争への道』90）

一九〇一年九月、清国と英米日独露を含む十一ヵ国との間で「義和団事件最終議定書」が締結された。ここで北京への自由交通を確保するため、天津、山海関など十二ヶ所の地点を占領する権利を相互に承認した。以後、各国は自国民保護のため、北京、天津などに軍隊を駐屯させることになった。

清の賠償金は六億三千万円であり、強欲なロシアは二九％を取得した。北京救出に一兵も出さなかったドイツが二十％、日本は七・七％で合意した。

最大兵力を投入した日本が、この少額で合意したの見たロシア人は、「当然の権利を主張出来ないのは日本がロシアに逆らえない小国だからだ」という侮りを持った。

ロシアは「日本の挑戦をあざ笑った」

マッケンジーはロシアの野望を次のように見ていたが、それは欧米人の共通認識だった。

「シベリア横断鉄道の敷設を決意したその瞬間から、ロシアの政治家たちは、自分たちが太平洋岸一体の領土的支配を行おうとする一大計画の可能性を確信したのであった。ロシアは支那の支配者、満洲の所有者、韓国の統治者、日本の保護者であろうとした。

日清戦争の結果は、ロシアの政治家にとって歓迎すべきものからほど遠かった。つまり、下関条約の結果、支那が遼東半島を日本に割譲することになった時、ロシアは、その東方拡張が明らかに中断されるであろうと考えたのである。しかしこの不慮の事故に対する準備も怠っていなかった。ロシアは極東に艦隊を派遣すると共に、フランス及びドイツとの協力も確保していた。ドイツ皇帝は巨大な黄色人種の勢力が勃興することにより生ずるであろう危険を見越して、ロシアに対する助勢に応じ、フランスはまた伝統的なロシアの同盟者だった」（『朝鮮の悲劇』87）

「ロシアは、アジアに於ける覇者、ヨーロッパの最強国と言われた。冷静な英国の評論家も、ロシアを中国と韓国の保護者であると書いた。ロシアの外交は、今や、極めて当然なしかも賞賛すべきその大望の実現を期するに至った。

南は黒海でさえぎられ、バルチック海によって北方への眺望を制限され、太平洋の主要港としては年に数ヶ月も氷結してしまうウラジオだけをわずかに持っているロシアは、安全でしかも年中海岸に解放されているシベリア鉄道の終点基地を確保しようと図った。多数の優れた港湾を持つ韓国や遼東半島には、そのような港が見いだし得られるのであった」（88）

ロシアは南下を続け、半島に危機が迫った。江戸時代からロシアの圧力を感じ、その行状を知る日本はロシアに支配されてはならない、万一朝鮮がロシアに支配されると危ういと思った。だが、ロシアは日本など歯牙にもかけなかった。

「極東のロシア当局者たちは、日本が、自分たちのような強大国に対して、敢えて攻撃をしかけようとしているその考え方を、あざ笑っていた」(104)

またクリスティーは『奉天三十年　下巻』で次のように書いている。

「奉天にはかなり多数のロシヤ人がいたが、文武官共一様に、安易な軽侮を以て戦争を待ち受けた。〈戦争?〉、と一人の者は昂然として言った。〈戦争などという程のものはないだろう。一発ズドンとやれば三週間以内に東京で平和条約が締結せられるだろう〉」(『歴史史料大系　第五巻　義和団事件と日露戦争』学校図書出版　221)

これがロシア人の態度だった。日本は日清戦争に勝利したが、それは有色人種同士の戦いだった。三国干渉に屈した日本を見て、「有色人種は白人に敵わない」という神話が消えることはなかった。

ボーア戦争で孤立・英国は日本に同盟を求めた

一九〇〇年頃、英国は、独、仏、ロシア、米国により困難な状況に追い込まれていた。英国の成すべきことは二つあった。一つはドイツを盟主とする欧州列強の結合を防ぐ、二つはインドの防衛だった。だが英国は孤立していた。

「ヨーロッパに於いてドイツは、諸同盟を結び、艦隊を建設し、ヨーロッパ大陸の覇権を確立すると共に、英国の植民地独占を撃破しようと目論んでいた。ドイツの諸植民地はようやくその基礎を確立し、英国のボーア征服に反対する外交的障壁が建設されていた。

またナイル河流域に於ける英仏の闘争は一八九八年、ファショダで将に戦端が開始されようとするところまで急迫した。一方、全アジアはロシア帝国の衝撃を感じ、英国の勢力下にある支那はもとより、インド国境をも脅かす容易ならざる形勢であった。

アメリカでも（中略）従来にない強硬な米国の態度に接した。この瞬間、英国は唯一人になり、友邦を失い、再び栄光ある孤立の廃墟のただ中に立ったのである」（『米国極東政策史』39）

英国が孤立していたのには訳があった。オランダ人は十七世紀頃から南アフリカに植民し、ボーア人と呼ばれる子孫が住んでいた。そこに英国が侵入し、支配権を巡って激しく対立した。軍事的圧力によりボーア人は北へ後退したが、そこは金とダイヤモンドの宝庫だった。すると英国はこの地を求めて戦争を仕掛けた。

第一次ボーア戦争、第二次ボーア戦争と戦いは一八八〇年から一九〇二年まで続き、英軍は勝利したが多大な損害を受け、東洋で英国権益を狙うロシアに抗する余力がなかった。

更に英国は一般ボーア人を強制収容所に連行し、数万人を殺害していたが、彼らは白人の子孫である故に西欧社会から非難され、英国には朋友が見つからなかった。そこで北清事変で日本軍の実力を知った英国は、東洋権益を守るために日本との同盟を考えるようになった。わが国も対ロ戦を見据え、準備を進めていたが孤立していた。

「日本は、一八九五年の三国干渉に憤激していたものの、特にロシアだけを明確な敵だと考えていた。既に日本の政治家は、満洲と朝鮮の覇権を巡って戦争の避くべからざるを知り、着々とその準備を進めていた」(60)

英国はインドを日英同盟の範囲に含めることを望んだ。それを日本は拒否したにも拘わらず同盟を進めたのは、伊藤博文が日露協商の推進者であることを知っていたからだ。

仮に日露協商が成立すれば、フランスとドイツが加わることは明らかだった。すると英国の孤立は決定的となり、インド及びシナの権益がロシアの脅威にさらされるため、何としても日露協商を阻止せねばならなかった。

一八九八年、「ロシアが清から遼東半島を租借する」という発表は彼らの欺瞞を明らかにした。ロシアは日本に、「極東永久平和にために遼東半島を清に返還せよ」と勧告し、日本が返還するとその地を手に入れたからだ。日本国内では親露派と親英派に分かれて論争は続いたが、この一件で日露協商は消え去り、日英同盟への道が開かれた。

米国を驚愕せしめた日英同盟

英国は、シナの権益が日本の力で安定すれば国力をインドへ割くことが出来ると考え、日本の条件を飲んだ。ロシアの脅威を感じた両国の思惑が一致したのだ。

一九〇二年一月三〇日、日英同盟が締結された。それは有効期限五年の次なる軍事同盟だった。

第一条　日英両国は清韓両国の独立を承認する。しかし英国は清国で、日本は清国・韓国で政治・経済上、格段の利益を有するので、それらの利益が第三国（露、仏、米、独など）の侵略や内乱で犯された時は必要な措置をとる。

第二条　日英の一方がこの利益を守るため、第三国と戦うとき、他の一方は厳正中立を守り、他国が敵側に味方して参戦するのを防ぐ。二国以上に攻撃された場合は相互に援助する。

第三条　ロシア、フランス、米国、ドイツなどが日本または英国と戦争する場合、日本または英国は戦っている日本または英国を援助する。

米国は、この同盟の適用地域がシナを含む「大東亜」であることを知り、衝撃を受けた。そこには米国が狙うシナ権益を、日英両国で守ると書かれていたからだ。

「日英同盟はヘイ（米国国務長官　引用者注）を驚愕せしめた。情報の貧弱さから、調印の動向を知ることができず、然もこの同盟の好戦的意味を了解した者は東京と北京の公使だけで、他の駐外使節で真意を理解した者はなかった。

日支駐在公使ですら、この同盟が、日本の対支政策の将来に及ぼす重要性を予見することが出来なかった。仏露両国は、直ちにこれと殆ど同じ盟を結んで猛烈に反対したので、極東は二つの武装した陣営に分かれた」（『米国極東政策史』99）

英米両国は独立戦争を戦い、カナダを巡って米国は英国に戦争を仕掛け、南北戦争では英国は南軍を支援した。米国はシナの門戸開放を叫んでいたが英国は応じなかった。この時代、英米の国益は一致せず、日英の国益が一致した故、この同盟は締結された。

英国はロシアの南下を牽制するため、ドイツに日英同盟への参加を呼びかけたが、黄禍論者のカイゼルは拒絶した。こうして日英同盟は英国にとってもかけがえのない軍事同盟となった。

第六章

日露戦争勝利と米国の変節

なぜ米国は日本を支援したか

一九〇一年十月、シベリア鉄道の終点、ザバイカルとウラジオを結ぶ東支鉄道が完成した。これは満州を併合する意志の現れだった。その証拠に、ロシアは義和団事件解決後も満洲に居座り、地名をロシア風に変え、「満洲の保護化密約」を清国と結ぼうとした。

だが日英同盟の第一条、日英が「清国の独立を承認」したことが清を勇気づけ、ロシアの目論見は挫折した。強行すれば日英に加え「シナの門戸開放通牒」を発した米国をも敵に回すことを知ったロシアは保護化を諦め、一九〇二年に、満州を清国に返還する「満洲還付協約」を締結した。

この協約でロシアは、最初の六ヶ月は現在の遼寧省西南部から、次の六ヶ月は遼寧省と吉林省から、次の六ヶ月は黒竜江省から撤兵するとした。だが撤兵協約の最初だけ実行したロシアは、その後、逆に兵力を増強してきた。「相手弱し」とみたら約束を反故にするのはロシア人の常套手段である。

更にロシアは鴨緑江河口の朝鮮側にある竜岩浦を、森林保護を名目に軍事占領し、韓国に圧力を加えて、一九〇三年七月に租借契約を結ばせた。わが国は韓国に抗議し、韓国も「租借契約は無効」を宣言したがロシアは無視、要塞工事に着手して地名もロシア風に改名した。

八月、わが国は韓国を巡って対露交渉を開始したが、日本の軍事力を侮るロシアは強気であり、次のように主張した。

一　韓国の独立と領土保全の尊重は相互に約する。
二　だが満洲は日本の利益範囲外なので交渉の対象としない。
三　日本の対韓援助は軍事以外とし、日本は韓国を軍事目的で利用しないこと。
四　韓国の北緯三九度以北を中立地帯とする。

対する日本は以下のよう提案した。

一　清韓両国の独立と領土保全の尊重し、通商上の機会均等を相互に約す。
二　ロシアは韓国での日本の優越した利益を承認する。
三　日本は満洲の鉄道に関するロシアの特殊利益を承認する。
四　韓国に助言と援助を与えるのは日本の専権であることをロシアは承認する。
三　中立地帯は韓国と満洲の国境、相互に五十キロとする。

日露交渉は五ヶ月に及んだが進展はなかった。その間、ロシアは極東に動員令を発し、満洲に戒厳令を布き、ハルピンから奉天を通り、旅順・大連に接続する南満洲鉄道の完成を急いだ。英国とドイツは戦争を望んでいた。英国はロシアが満洲と朝鮮から駆逐されることを望み、ドイツは、ロシアが極東で戦争を始めればドイツを脅かすことは出来なくなると踏んだからだ。

一九〇四年一月三日、ドイツ皇帝はロシア皇帝に親書を送り、開戦を煽った。

「ドイツ人は総べてロシアの不凍港の必要を了解しているから、ロシアが満洲と朝鮮を獲得することは当然である」(『米国極東政策史』101)

米国は、「満洲還付協約」を反故にし、門戸開放にも応じず、米国の商業活動を締め出すロシアに反感を抱いていた。そこで米国は日本を使ってロシアを排除し、日本をドアマンとして大陸への進出を図ろうとした。フランスは多くの中産階級がロシアの満洲開発に投資しており、その資金を守るためにロシアを支持した。

同年一月、日本はロシアに最終提案を行ったが回答はなかった。二月四日、日本は対露開戦を決意し、六日に断交を通告した。

日露戦争の勃発と戦いの推移

二月七日、東郷平八郎率いる連合艦隊は佐世保から黄海へと出撃した。九日未明、旅順港外で敵艦隊と交戦状態となり、三隻に大損害を与えた。また瓜生外吉少将率いる第四戦隊は、仁川沖で敵艦二隻を撃沈した。ロシアは日本に「国際法違反」と抗議したが、開戦に先立ち宣戦布告することが義務づけられたのは、一九〇七年にヘーグで成立した「開戦に関する条約」からであり、日本の行動に違法性はなかった。

かくいうロシア艦隊も、「日本艦隊が韓国西方において北緯三八度線以北にやって来たら、日本艦隊の砲撃を待つこと無く、攻撃を加えて良い」との命令を受けており、要はどちらが先に命中弾を放ったか、ということだ。

九日、わが国は黒木陸軍大将指揮下の第一軍を仁川に上陸させ、ソウルに進駐した。

十日、日露は互いに宣戦布告し、日露戦争が勃発した。

当時、軍は補給の重要性を理解しており、旅順、大連への大動脈、南満州鉄道が完成する前に戦端を開いた。北京、満州での蛮行から明らかなように、ロシア軍人は殺人、強盗、強姦集団だった。対する日本軍の行動は韓国人に信頼を与えており、韓国は日本の指揮に従うことを約した。そして二三日、中立を宣言していた韓国と次なる「日韓議定書」を結んだ。

一　韓国政府は施政の改善に関し、日本の忠告を容れること。

二　日本政府は韓国の王室を安心安寧ならしめる。

三　日本政府は韓国の独立と領土保全を確実に保証する。

四　二、三の項目が危機にさらされた時、日本は速やかに必要な措置を執らねばならない。その為、韓国政府は十分な便宜を与え、日本軍はその為に必要な地点を収容できること。

五　両政府の了解なしに、この議定書を変えることはできない。

わが国は米国に根回し、ソ連が喧伝する人種差別、〝黄禍論〟に反論した。また排日運動と反日感情を抑えるため、セオドア・ルーズベルト（以下　ルーズベルト）大統領（一九〇一～〇九年）の同窓生、金子堅太郎を渡米させ、親日世論の形成に努めた。米国は満州に於けるロシアの行動に反感を持っており、日本に味方したことがルーズベルトの手紙から見て取れる。

「余は、この戦争が勃発するとまもなく、仏独が極めて分別ある方法により、三国が一八九四年に行ったのと同様の干渉（三国干渉）を行おうと企画していることを知った。そこで余は速やかに日本に味方し、日本が必要とする処置を講じた」（『米国極東政策史』100）

一九〇四年二月二八日、ロシア軍が平壌を目指して南下を開始したが、第一軍の一個中隊が撃破し、北方へ敗走せしめた。三月、黒木大将は第一軍を率いて北上し、ロシア軍を朝鮮から一掃した。更に鴨緑江を渡ってロシア軍を撃破し、遼陽に向かって北進した。

「（朝鮮の）親ロシア派官吏たちは、もちろん非常に驚いた。彼らは、戦争が自国の領土内で始められることも、日本軍がロシアを追い出すことも、不可能だと考えていた」（『朝鮮の悲劇』106）

五月、奥陸軍大将は第二軍を率いて遼東半島の付け根に上陸、ロシアの援軍を破り、敵軍の

28センチ榴弾砲による砲撃

堡塁を攻略して旅順・大連を孤立させた。この間、わが国は、大山巌・満洲軍総司令官、児玉源太郎・総参謀長率いる第四軍を編成し、第一軍、第二軍と連携をとりながら北上した。

開戦直後より、連合艦隊はロシア艦隊に対し優位を保ち、制海権を確保していたが、旅順港に停泊する敵艦を撃沈することは困難だった。そこで旅順郊外の二〇三高地を奪い、そこから旅順停泊の艦船を砲撃する計画をたてたが、乃木希典大将は八月からの総攻撃に何度も失敗し、甚大な損害を出していた。この苦境を救ったのが、お台場から運んだ二八センチ榴弾砲だった。

十二月五日、二〇三高地は陥落し、その後、旅順港を見おろす二〇三高地に観測所を設け、旅順湾停泊の軍艦への砲撃を開始した。その結果、旅順艦隊は全滅し、翌年一月、旅順のロシア軍は降伏したが、日本軍の損害は死傷者六万に及んだ。その後、乃木も残軍を率いて奉天に向かった。敵将クロパトキンは奉天を決戦の場とし、総兵力三二万を集結させて待ち受けた。

一九〇五年二月下旬、日本軍二五万との戦が始まった。そして三月十日、日本軍はロシア軍を打ち破り、奉天を占領した。

バルチック艦隊を全滅させた日本海海戦

一九〇四年十月、ロシアは日本海軍を撃滅すべく、バルチック艦隊の主力三八隻を出撃させていた。リバウ港を出港した大艦隊はスエズ運河を通過できなかった。それは日英同盟に基づ

5月27日早朝・出撃した連合艦隊

被弾し燃え上がるバルチック艦隊

き、英国が拒否したからだった。

その為、この大艦隊は喜望峰を回らざるを得ず、マダガスカルで年を越し、インド洋を越えてベトナムのカムラン湾に至るまで何処にも寄港できなかった。カムラン湾においても湾外停泊を余儀なくされたのは、ロシア兵の上陸はフランスの軍事援助と見なされ、英国参戦を誘う恐れがあったからだ。

一九〇五年五月、第一、第二、第三艦隊から成る大艦隊は日本近海に迫っていたが、半年を上回る大航海で彼らは心身共に倦《う》んでおり、一刻も早く日本艦隊を撃破してウラジオに入港したかった。対する連合艦隊四十隻は対馬周辺海域で猛訓練を行い、戦いに備えた。


五月二七日午前四時四五分、偽装巡洋艦信濃丸から「五島列島付近で敵艦見ゆ」の報告が入った。東郷司令長官は直ちに出撃し、沖の島付近で待ち受けた。

十四時五分、姿を現したバルチック艦隊は砲撃を開始した。その進路を阻むかのように連合艦隊が約一万メートルの距離で大回頭を行うと、これを好機と見たロシア艦隊は雨あられと砲弾を撃ち込んできたが、殆ど命中しなかった。回頭を終えた連合艦隊は反撃に移り、最初の標的は第二戦隊の旗艦オスラービアだった。被弾したオスラービアは一時間後に沈没、他のロシア軍艦も次々と撃沈されていった。やがて日も暮れ、戦いは水雷艇を使った夜戦に移った。

翌朝、スクラップと化したロシア艦隊の前に日本艦隊が姿を現した。何事もなかったかのように、昨日と同じ姿の艦隊を見た彼らは敗北を自覚した。残存する艦艇は白旗を揚げ、艦尾に旭日旗を掲げて降伏した。

この海戦でバルチック艦隊の二一隻が撃沈され、五隻は自沈した。六隻は中立国に逃げ込んだものの抑留され、ウラジオに入港できたのは三隻のみだった。バルチック艦隊は全滅し、対する連合艦隊の損害は水雷艇三隻に過ぎなかった。ここに於いて戦いの趨勢は決した。

セオドア・ルーズベルトの変節

ロシア軍の敗北は白人社会及び国家に衝撃を与えた。

「ルーズベルトは、日露戦争が始まった時、日本に好意的な中立を外交方針とした。彼の目的は米国の商業的権益を守るため、満洲からロシアを駆逐することにあった。

彼は露支両国との外交交渉では、目的達成が不可能なことを知ると、日本に之を行わせようとし、与国に近い関係を結んで可能な支援を与えた。日本はある意味、ルーズベルトのために戦ってくれた。こうした彼の気持ちは多くの米国民に反映した。

米国の財界は英国の同僚と共に、乃木将軍や東郷元帥に経済援助を与えた。ロシアがフランスの借款によって戦ったのに対し、日本は英米の借款によって戦った。ユダヤ人銀行家は、ロシアの野蛮な反ユダヤ主義に対抗する意味で日本に借款を与えた。しかしルーズベルトは、世界の大部分がそうであったように、かくも儚《はかな》くロシア軍が敗れようとは思わなかった」（『米国極東政策史』114）

日本が極東の強国として台頭すると、米国に懸念が生じた。

「日本が勝ってみると、直ちにフィリピンが脅威をうけることに気付いたのである。そこへ更にやっかいな移民問題が起こって、日米関係を気まずいものとした」（113）

一九〇五年七月、陸軍長官タフトは東京で桂首相と秘密交渉を開始した。この時代、日本軍に攻撃されればフィリピンはひとたまりもなかった。加えて、フィリピンでは独立戦争が続いており、日本が独立派を支援すれば米国は苦境に陥ることは必定だった。

ルーズベルトの変節を知る由もない桂は、「米国は日本の朝鮮支配を承認する代わりに、日本はフィリピンへの侵略的意思を有しない」なる覚書をタフトと交わした。

なぜルーズベルトは斡旋を引き受けたか

ルーズベルトにはもう一つの懸念事項があった。七月に入ると日本は樺太攻撃軍を編成し、月末には全樺太を占領した。日本のシベリア侵攻もあり得ないことではなかった。

セオドア・ルーズベルト

「彼はロシアが疲弊の兆しを示すと、完全に壊滅するのを恐れた。ロシアに革命の動きが起こると、大統領の戦略に二大変化が生じた。先ず、ロシアを満洲から駆逐すると同時に日露両国の勢力均衡を図り、日本の膨張を抑え、戦争を終了せしめた上で、ロシアに有利な平和条約を締結させようと努めた」(『米国極東政策史』114)

ルーズベルトはロシアの壊滅を恐れ、旅順陥落時と奉天戦終了時に講和斡旋を行った。だが、バルチック艦隊に望みを託すロシアは断った。制海権を確保すれば勝利すると踏んだからだ。

処がバルチック艦隊全滅後の五月三一日、意外なことに日本が講和斡旋を依頼した。戦の常識からすれば、「日本はこれ以上の継戦が困難」と公言したようなものだった。日本に弱点があると踏んだルーズベルトは、排日世論の逆風にも拘わらず日本からの斡旋要請を受け入れた。

会議は八月十日からポーツマスで開かれ、難航の末、日本の譲歩により妥結に到った。

一九〇五年九月五日、小村寿太郎とロシア全権ウィッテの間で締結されたポーツマス条約の概要は次の通りである。

一　ロシアの朝鮮からの撤退と朝鮮が日本の指導を受けることを認める。

二　日露とも十八ヶ月以内に満洲から撤兵。

三　ロシアは遼東半島の租借を日本に譲渡。但し、両国は清国の承諾を要す。

四　ロシアは長春―旅順間の鉄道を付属の炭鉱と共に日本に譲渡。

五　ロシアは南樺太を日本に譲渡。

講和条約が結ばれた九月五日、日比谷公園で講和に反対する国民集会が開かれ、参加者の一部は暴徒化した。日露戦争で十二万人の犠牲を出し、挙国一致で耐え抜いた結果のポーツマス条約を見て、これは政府の弱腰外交が原因だと思ったからだ。新聞も連戦連勝を伝えていたから国民は戦の実情を知らなかった。

だがグリスウォルドは、「樺太の南半分だけではなく、軍事占領していた北半分を加えるか、賠償金は取れたはずだ」と記していた。

全樺太を占領した日本軍は、間宮海峡に面した街に樺太民政署を置き、民政統治を進めていた。そして北樺太から油がとれることを知ったが、その時代の軍艦は石炭で動いており、日本は石油の重要性を十分認識していなかったことが北樺太放棄の原因となった。ではなぜ賠償金も手放したのか。

砲弾の尽きた陸軍は継戦困難だった

日本が米国に講和斡旋を依頼したのには訳があった。日本の勝利は歴史的な出来事ではあったが、軍主脳はこれ以上の継戦は困難であることを知っていた。

「ナポレオンの失敗を熟知している日本陸海軍の主脳者達は、一九〇五年の春から夏にかけて、任地から東京へ帰り、内閣に向かって講和するよう主張した」(『米国極東政策史』129)

以下、二〇〇五年三月二六日の読売新聞の記事等を参考に考察する。

貧弱な兵器や不十分な砲弾で戦った悲劇は各所で露呈していた。だが軍上層部はこれらを隠し、銃剣突撃でカバーできるとした。中でも「旅順要塞攻略戦」は日本兵にとって地獄だった。乃木希典指揮の第三軍は二〇三高地の総攻撃に二度失敗した。ベトンで固めた要塞を駆け上ってゆく日本兵はロシア軍の放つ砲弾に吹き飛ばされ、機銃でなぎ倒され、死屍累々の惨状を呈していた。三度目の総攻撃を行うべく乃木軍に編入を命ぜられたのは旭川第七師団だった。一九〇四年十二月五日、師団諸隊が再び突撃したが、数日にして戦死者二〇八一名、負傷者四六七八名に達し、この師団も事実上潰滅した。

明治末に生まれ、北支から南支へ転戦し、東部ニューギニアで敗戦を迎えた父は乃木を評価しなかった。一つ覚えのように、夜襲と銃剣突撃を繰返す日本軍を見てきた父には、その指揮官と乃木がダブって見えたのだろう。「バカな参謀が無駄に兵隊を殺しやがって!」と辻正信ら、現場を知らない戦争指導者を無能呼ばわりしていた。

この苦境を脱し、二〇三高地を奪取できたのは榴弾砲による砲撃だった。お台場から運ばれた砲の一発は司令官コンドラチェンコを即死させ、ロシア軍を震撼させた。

日露戦争での死因を調査すると、銃創が76・9％、砲創が18・9％、白兵創が0・9％、その他が3・3％だった。即ち、銃剣突撃・白兵戦による犠牲者など無きに等しかった。

このデータは、日清戦争で得られた教訓、「歩兵戦闘ハ火力ヲ以ッテ決戦スルヲ常トス」の正しさを改めて証明した。普通に考えれば、このデータを生かして戦略戦術は練られるべきだった。だが陸軍は戦史作成に当たり実態を隠蔽した。

一九〇六年、陸軍参謀本部にて指揮を執った大山巌参謀総長が指示した『日露戦史編纂綱領綴』には次のような項目があるという。

①　軍隊又は個人の失策に類するものは明記すべからず
②　戦闘に不利を来たしたる内容は潤色するか真相を暴露すべからず
③　戦闘能力の損耗若しくは弾薬の欠乏の如きは、決して明白ならしむべからず
④　司令部幕僚の執務に関する真相は記述すべからず

「特に旅順戦に至っては細部を記すべからず」と制約をつけ、約一五四〇〇名の戦死者と四四〇〇〇名の負傷者を出した敗北を隠蔽した。陸軍は戦史から火力の重要性を消し去り、甚大な犠牲者を出した原因の追及を行わなかった。

三個師団を壊滅させた乃木を降格させず、逆に「敵将ステッツエルを暖かく迎えた」と美談の主人公として登場させ、歌まで作って祭り上げた。そして一九〇九（明治四二）年改訂の

『歩兵操典』で、「歩兵は戦闘の主兵。戦闘に最終の決を与うるものは銃剣突入とす」とした。

日清日露の戦で、多くの将兵の命と引換えに得られたデータと教訓を捨て去り、重砲や機関銃で攻撃する敵に向かって、軍刀・銃剣・手投げ弾による突撃を命じた軍主脳、日米戦で惨劇が繰返されたのは、無能な戦争指導者による兵隊の生命軽視があったことは紛れもない事実だった。

「血の日曜日事件」から反ユダヤ主義へ

日露戦争末期、ロシア国内は騒乱状態にあった。一九〇五年一月には血の日曜日事件が起き、六月には軍が反乱を起こした。農民も暴動を起こし、帝政ロシアの崩壊は時間の問題だった。

同年一月、日露戦争の最中、ガボン神父に導かれた数万の群衆が首都サンクトペテルブルクで皇帝への誓願行進を開始した。当時の民衆はロシア正教会の影響下にあり、人々は皇帝に崇敬の念を持っていた。誓願すれば必ず状況は改善すると信じていた彼らは、日露戦争の中止、憲法制定、基本的人権の確立など、素朴な願いを掲げて請願行動に出た。

これに対し、治安に当たった軍が発砲した。騒乱は拡大し、数千人もの死者とその何倍もの人々が負傷する大事件となった。

この「血の日曜日事件」はロシア社会に深刻な影響を与えた。皇帝への崇敬が消え去り、労

血の日曜日事件・群衆に発砲する軍

働者や兵士の間で革命運動が活発化し、各地でソビエト（労働者・兵士協議会）が結成された。

黒海艦隊の戦艦ポチョムキンでは水兵が反乱を起こし、他艦のウクライナ人水兵も反乱を起こした。首都では四〇万人を超える労働者が抗議ストに突入した。この話が各地に広がり、モスクワなどで暴動・掠奪が頻発し、農民も公然と農園管理者や地主を襲うようになった。テロも横行し、誰でも気に入らないものは殺害するという様相を呈した。

全権小村寿太郎は、強気なロシア交渉団の裏に重大な社会崩壊が起きていたことを十分把握していなかった。条約調印後、ニコライ二世は基本的民権、政党、議会の開催、選挙権の拡大を承認し、騒乱は急速に沈静化していったが次なる事件が待っていた。それがユダヤ人への迫害である。


古くからロシアは反ユダヤ主義をとっており、ユダヤ人は追放されたはずだった。だがロシアが周辺国を侵略・併合することで、国内にユダヤ人が取り込まれることになった。

ニコライ二世は、今までの「革命運動に参加した九〇％はユダヤ人だ」と公言し、ユダヤ人に騒乱の責任を押しつけたため、ユダヤ人に対する虐殺、掠奪が公然と行われるようになった。その結果、ユダヤ人のロシアに対する嫌悪感は一層強まり、三つの動きがユダヤ社会に起きた。

一、アメリカを中心とする海外への移住

1905年ロシアのエカテリノスラフにおけるポグロムで殺されたユダヤ人の子供

二、パレスチナでの祖国建設
三、革命によりロシアを変革する

三つ目がロシア革命の原動力となった。彼らは共産主義運動に加わりツアーに反旗を翻した。一九〇五年十二月、モスクワでゼネストが決行されると政府は鎮圧軍を送り込み、市街戦が展開された。多くの共産主義者が殺され、この運動は鎮圧されたかに見えたが、彼らは潜行し、ロシア社会を蝕んでいった。そしてロシア人のユダヤ人迫害が日本にとって天祐となった。

ユダヤ人・シフが日本を助けたわけ

一九六六年、イスラエルのモシェ・バルトゥール駐日大使が着任し、皇居に於いて昭和天皇に信任状を奉呈した。すると天皇は親しみを込めて、次のように話されたという。

「日本民族はユダヤ民族に対して、感謝の念を忘れません。かつてわが国はヤコブ・シフ氏に大変お世話になりました。日本はこの恩を、決して忘れることがありません」(ラビ・M・トケイヤー『ユダヤ製国家日本』徳間書店　93)

陛下の思いがけない言葉に驚いたバルトゥール大使は、シフという人物について調べた。日露戦争当時、日本の主要兵器は海外から購入するしかなかった。だが資金は払底しており、政府は高橋是清を使わし、外債壱千万ポンドの引き受け手を探していた。

誰の目にも日本に勝ち目はなく、英国が半分を引き受けたが、それが限界だった。処が見ず知らずのユダヤ人銀行家が、残りの半分を引き受けてくれた。その後もユダヤ人は日本外債七千壱百万ポンドのうち、四千壱百万ポンドを引き受け、日本を助けた。

十五世紀以来、ロシアではユダヤ人への殺害や掠奪が公然と行われていた。日露戦争の前年には全国規模のユダヤ人襲撃が起き、多くのユダヤ人が殺された。この虐殺と掠奪はロシア官憲が先導し、キシニョフという町では四九人が殺され、五百人以上が重軽傷を負い、六百軒以上のユダヤ人商店と多くの住居が掠奪を受け放火された。

襲撃にはキリスト教神学校の教師や生徒も加わり、彼らは嬉々として犯行に及んだが、そこに良心の呵責はなかった。この時代、ユダヤ人には彼らを守る政府も帰りうる祖国もなく、彼らは耐えるか、逃げ出すか、他に選択肢はなかった。だからユダヤ人はロシアに勝って欲しくなかった。


敬虔なユダヤ教徒のシフは、歴史は神の手で動かされていると信じており、「ロシアに対して立ち上った日本を、ロシアを罰する〈神の杖〉である」と考えた。それはユダヤ人の一般的感情であり、日本の勝利に世界中のユダヤ人は歓喜した。

明治天皇は感謝の気持ちを直接伝えるため、シフを日本に招き、昼食を共にし、旭日大綬賞を授与された。昭和天皇はそのことを知っておられ、イスラエル大使が着任すると必ず感謝の念を伝え、ユダヤ人に親密の情を表した。

なぜ日本はポーツマス会議で敗北したか

ロシアの混乱を知れば、グリスウォルドが指摘したように、日本は更なる譲歩を迫れたはずだった。では、なぜ日本は北樺太を割譲させられなかった上に、賠償金も得られなかったのか。

「それはウィッテが周到に仕掛けた罠に小村がむざむざと嵌ってしまったからである。日露講和条約の条項を定めるポーツマス会議で、小村は戦勝国が得るべき戦費賠償を要求したが、その支払いをウィッテは断固拒否した。そのため会議は行き詰まり、決裂の寸前にまでいった。決裂すれば続戦である。そこで力を発揮したのが世論である」（ウッドハウス瑛子『辛亥革命とG・E・モリソン』東洋経済12）

調印後、首席代表ウィッテは「新聞を使った」と手の内を明かした。彼は外交対決に備え、渡米前から勝利の方法を調査した。そしてAP通信社から、「米国では世論を味方につけた者が勝つ。ルーズベルトも世論にはかなわない」との忠告を得ていた。

「チャンス到来と見た私は、時を移さず宣伝攻勢をかけた。続戦の場合、その責任は賠償金に固執している日本にあると説き、日本は金欲しさに血を流そうとしていると世論に訴えたのだ。賠償金要求を引っ込めるか、人道の敵になるか、二者択一の窮地に日本を陥れるため私は全力を尽くした。米国の各新聞は熱心に私の主張を応援し、対日非難の声が轟々と上がった」(13)

通信社や新聞は反日に転じていた。日本は人間の血を商売道具にする、などと書く新聞も現れた。ルーズベルトが日本に賠償放棄を勧告すると、継戦困難な日本はこの斡旋を受け入れざるを得なかった。目的が達成されると欧米は日本を、「文明・正義のチャンピオン」として褒め称えた。

「国際社会は日本を賞賛した。特に、日本が敗戦国からの賠償金取り立てを断念したことに喝采を送った。先ず、英国ではロンドン・タイムズが〈日本は開戦の目的としたものを、満足と考えられる形で得た。日本の政治家は史上比類のない自制力を発揮し、日本古来の武士道精神により、金銭のために戦い続けることを断念したからである〉(中略)同様の賞賛は米国、ドイツ、フランスにも見られた」(12)

欧米諸国は、「賠償も領土も諦めるとは馬鹿な国だ」という本音を隠し、日本を褒め称え、世間知らずを嗤い、溜飲を下げた。

ロシアは復讐を決意・米国とは闘争の時代へ

ロシアの新聞は、「今回の平和はロシアにとって史上最大の不利益に終わった。しかしこの平和は一時的なものに過ぎない。これは単に日露関係の一段落に過ぎず、日を改めて再開されるべきものである」と書いた。ロシア人はこの屈辱を忘れず、復讐を心に誓い、策を巡らし、その日を待った。

この復讐心は帝政ロシアを崩壊させた共産ロシア＝ソ連にそのまま引き継がれ、大東亜戦争末期に形となって現れる。

米国も反日に転向したが、それは日本が米国に敵対行動をとったからではない。米国が白人国家ロシアを打ち破った有色人種の国・日本に謂われなき敵愾心を燃やしたのだ。

「ペリーの訪日直後、タウンゼント・ハリスの領事時代からずっと続いた日米の親善関係は、この所で終止符が打たれた。これに続く時代は、闘争の時代、しばしば干戈を交えようとする形勢にまで立ち至った闘争の時代である」（『米国極東政策史』114）

ポーツマスで交渉が始まった八月十二日、日英同盟は改訂され、「日本の敵は英国の敵、英国の敵は日本の敵」となった。また適用範囲がインドまで拡大され、英国は外交目的を達成した。この拡大はロシアを牽制し、英国のインド権益は格段に強化された。見返りに英国は日本の朝鮮保護化を承認し、ロシアはインドと半島に手が出せなくなった。

米国は日英同盟を解消させ、日本を孤立に追い込もうとしたが、九月二七日、第二次日英同盟が公布されたことでその目論見は挫折した。

「実際、ポーツマス講和会議で成功した者はロシアでも米国でもなく、日本と英国とであった。大統領は日本を孤立に陥れることが出来なかった」(132)

ルーズベルトは黄禍論者だったが、英国外務大臣バルフォアは日本人に対する人種差別感情は持っていなかった。だからこそ日英同盟が更新された訳だが、この同盟がある限り米国は日本に手を出せなかった。故に、「何としても日英同盟を廃棄させる」、それが米国の外交目標となった。

ルーズベルトの仲裁に、東京では反米暴動が起き、遼東問題で不満を持った中国人は米国製品のボイコットを開始した。

日本は多くの血を流し、巨額の借金を抱えることになったが、日本の勝利は世界史上の大事件として世界中を駆け巡り、欧米列強の圧政に苦しむ人々に勇気と希望を与えた。

日露戦争の世界史的意義

日本がロシアを打ち破ったことは青天の霹靂だった。この勝利をアジア、アラブ、回教圏、トルコ、ユダヤ、黒人、更にロシアに抑圧されていたポーランド人なども歓喜で迎えた。有色人種が白人国家を、しかも立憲君主制の国が、巨大な専制国家を打ち破ったからだ。

イランの詩人ホセイン・アリーは『ミカド・ナーメ』（『天皇の書』）の詩の一節で日本を称えた。

東方からまた何という太陽が昇ってくるのだろう
眠っていた人間は誰もがその場から跳ね起きる
文明の夜明けが日本から拡がったとき
この昇る太陽で全世界が明るく照らし出された

日本の勝利は、西洋列強の圧制下に呻吟するアジア、中東、アフリカ諸国に衝撃を与えた。彼らを覚醒せしめ、列強の植民地支配に苦しむ諸民族を奮起させ、独立運動は止め得ない潮流となった。

「日本の勝利の影響はアジアでは量り知ることのできぬものだった。アジアの一国民も、欧

州文化を取り入れさえすれば、このように欧州人を打ち破り得たのである」（ルネ＝グルッセ『アジア史』白水社）

次に、『大東亜戦争への道』（中村粲　展転社）などからその衝撃を略記してみよう。

「アジアは日本の勝利を跳び上がって喜んだ」と『日露戦争全史』の著者ウォーナー夫妻は書いている。独立の気運はフィリピン、ベトナム、ビルマ、インドネシアなど東南アジア全域に及んだ。インドもそうだ。

「日本の情熱が私の情熱をかき立てた、民族主義的な思想が私の心を満たした。私はヨーロッパの束縛からインドとアジアの自由を取り戻すために瞑想にふけった」とネルーは述懐している。

「大きな興奮がインド全土を駆け巡った。片田舎の村でさえ、インド人たちは車座になって、また夜は水タバコの壺のまわりに集まって日本の勝利について語り合っている」―これはインドを旅行したある英人の見聞だ。

「アラビア人は、日本人が勝ったのは自分が勝ったようなものだと思う。これは本当に歓喜すべきことだ。だからこんなに愉快になり喜んでいるのだと言っていた」。これはスエズ運河での孫文の体験だ。

だが最も大きな衝撃を受けたのはシナだった。日清戦争以後、中国人留学生は漸増したが日露戦争中から激増し、一九〇六年、東京在住の中国人留学生は一万五千に達した。孫文も東京へやって来てシナ初の政党「中国同盟会」を結成した。その目的は「三民主義」に基づく清朝の打倒だった。

そして、内田良平、宮崎滔天、頭山満らは孫文の口車に乗り、様々な便宜を与えた。だが、孫文その人がソ連と取引し、武器・資金援助の見返りにシナにコミンテルンを呼び込み、中国共産党を誕生させた主犯であったとは、夢にも思わなかったに違いない。

第七章

ドル外交が招いた辛亥革命

シナでの日欧権益と米国の誤算

米国は、自らは一滴の血も流さず、日本を使って満洲からロシアを追い出し、満州に進出し、そこを入り口にシナの市場を獲得しようとした。そしてポーツマス講和会議ではロシアに味方したのは、次なるパッシュフォード（北京メソジスト福音教会の監督）の考えを持っていたからだ。

「日本の満洲進出を許してはならない。これを許せば英・仏・独・露は支那を分割してしまうだろう。これは米国とって堪えられない。米国はこのような状況を座視してはならない。支那は急速に愛国的、文明的となるであろうから、米国はその進歩を助け、支那の門戸開放と領土保全を援助すべきである。万一両国が戦争になった場合、正義に与しない日本は神に対してその存在を続けることは出来ない。即ち、不正義の日本は滅びるだろう」（『米国極東政策史』158）

彼は自国の歴史、例えばインディアンの虐殺、奴隷売買、性奴隷、ハワイの滅亡、フィリピン人虐殺には目を瞑り、日本を不正義と断じたが、それは詭弁だった。更に、英、仏、独、露のシナ進出には寛容であり、日本に対してのみ〝許せない〟と断じたが、そこには人種差別の影が漂っていた。

ポーツマス条約の結果、日本は長春以南の南満洲鉄道を割譲させ、種々の経済的特権と鉱山採掘権を獲得した。また満洲の主要都市に行政権を有する特別居住区を得て、安東・奉天間の鉄道再建と営業権も得た。加えて日本は、三国干渉により一八九六年に放棄させられた遼東半島の租借権を、シナの同意を得て獲得した。

賠償金が得られず、経済的困難に陥った日本は、得たものを確保・拡張しようとした。小村寿太郎は「日支条約」を締結したが、次なる取り決めは日英同盟によって保証された。
①支那は南満洲にて平行線を建設しないこと
②支線を建設する場合は先取権を日本に与えること
国内情勢が不安定なロシアは日本の行動を妨害しなかった。日本はロシアの外蒙古支配を認め、ロシアは日本の内蒙古支配を認めたからだ。日露の権益に対し、欧州列強も合流して相互にシナでの権益を認めあった。

ロシアの同盟国で英国の協商国であるフランスは仲介役を務め、一九〇七年には英露協商、日仏協定、日露協商が成立した。これは「ドイツを孤立させる」という英国の外交的勝利であり、同時に日露の権益を強化することになった。更に英仏は、シナ、インドシナ、チベット、インドでの自国の優位を日本に承認させるため、日本の満洲権益を容認した。

日本の権益が欧州列強により承認されたのを知りながら、日本をドアマンして満洲進出を図った米国は、日本の資金不足を見越して鉄道事業に割り込もうとした。だがこの行動は、日本がカリブ海に介入したとき米国に生じ得る感情を、日本にも引き起こすことを米国は理解していなかった。

ハリマン・鉄道計画の真相

この頃、米国の極東政策に影響力を持っていたのは朝鮮やシナで経験を重ね、一九〇六年に奉天総領事として赴任したストレイトだった。彼は朝鮮にいた頃から、米国が極東で影響力がないのは対支投資が少ないからだと信じ、様々な投資計画を支援した。その一つが満州での鉄道計画だった。

「一九〇六年から一九〇八年まで、ストレイトは奉天の領事館にあって、対満米国商業の高圧的販売政策を樹立し、またハリマンと結んで世界一周米国鉄道にリンクせしめる満州鉄道を計画した」(151)

「これは、一九〇五年の夏ハリマンが、伊藤、桂の二人と、南満洲鉄道修理の資金を貸付けるという交渉を行い失敗した時以来抱いていた計画である。当時、日本はロシアと戦争中であり、同鉄道をロシアが所有するより米国が所有する方が良いと思ったのである。

講和の締結、日英同盟の改訂、ポーツマス講和条約等によって惹起した反米熱は、日本にこ

■ 満州の主要鉄道働路線図

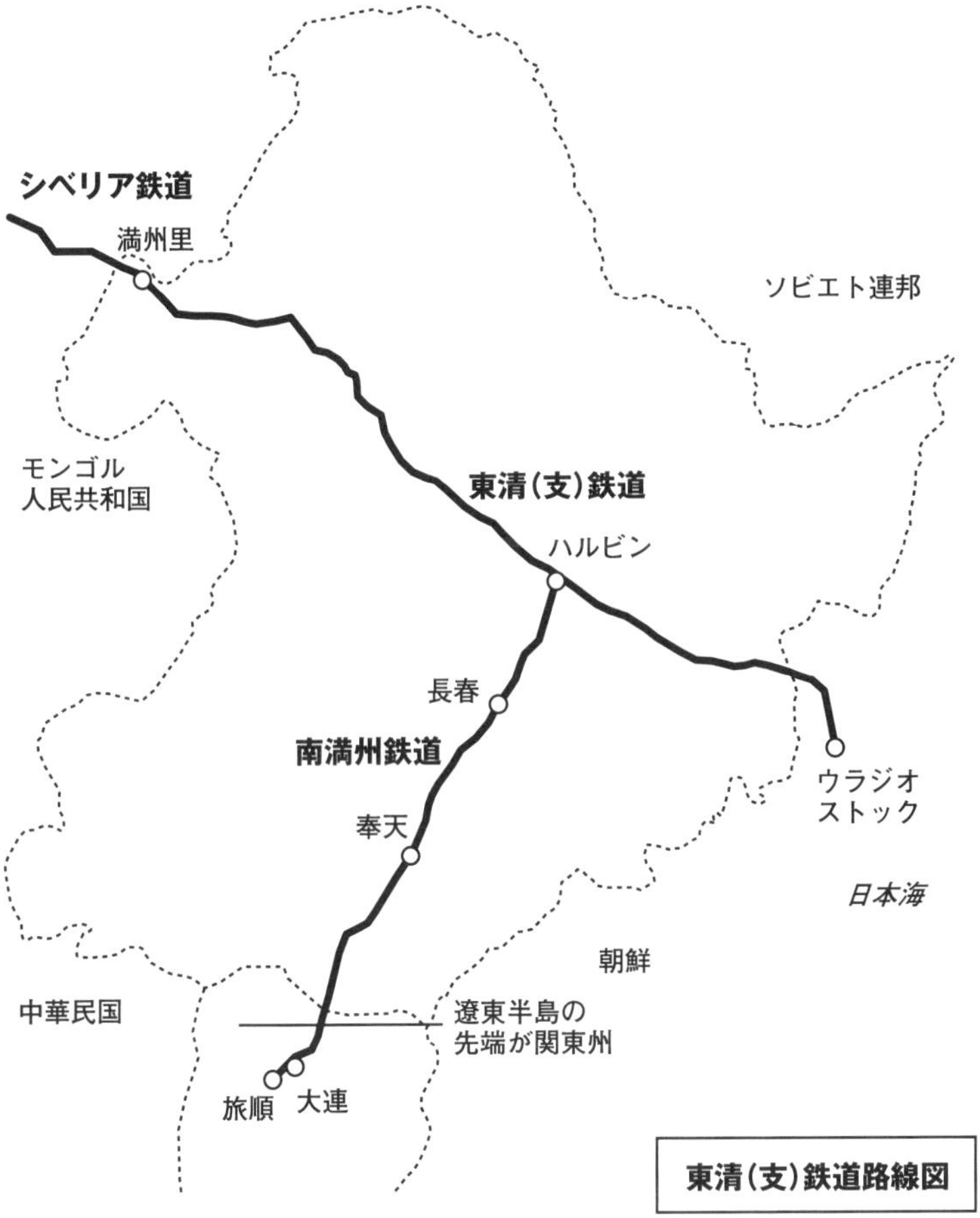

の計画を放棄させ、資金をロンドンから得ることとなった」(『米国極東政策史』152)

一九〇五年、十月十二日、日本国内では桂首相とハリマンの間で「満州鉄道日米共同管理に関する予備覚書」が交換された。だが日本がロシアから得たのは、ロシアの所有する満州の鉄道のほんの一部、旅順―長春間に限られ、世界一周鉄道とは無縁だった。本当に世界一周を望むなら、ハリマンは先ずウラジオからシベリア鉄道に接続する東支鉄道買収へと動くはずだった。

小村寿太郎が強く反対したのは、鉄道を所有することは沿線の鉄鉱石や石炭権益をも手に入れることであり、南満州鉄道が米国の所有になれば、たとえ共同管理であっても、この鉱山権益も米国のものになる恐れがあったからだ。小村の決断はこのリスクを未然に防いだことになる。

こうして米国の所有と共同管理の道は閉ざされ、修理費用を英国から得たのは、当時の日米、日英関係から見て当然の成り行きだった。

その後もハリマンは世界一周鉄道計画という夢を持ち続け、ストレイトは彼の代理人として働いたが思わぬ事件が起き、中止に追い込まれた。

「一九〇七年、ストレイトは彼の計画をタフトに語り、再び行うようハリマンに勧告したが、同年に起こったパニックによって中止となった」(152)

この〝パニック〟とは米国で起きた深刻な金融恐慌と経済的混乱である。ハリマンの夢を挫折させたのは日本ではなく、米国の国内事情だった。

その後、ストレイトは満洲から日本を追い払うため、奉天領事館で米支宣伝局を援助して反日宣伝を開始した。わが国はこの宣伝局を閉鎖するようルート国務長官に申し入れると、彼の反日運動がフィリピンへ影響を及ぼすことを懸念したルーズベルトは彼を本国に召還した。

一九〇八年十一月、相互不信を解消するため、ルート国務長官と高平駐米日本大使の間で通牒が交換された。

第一　東アジアのみならず太平洋全域に摘要される。

第二　この地域に侵略行為の排除、現状維持、支那の門戸開放、独立と保全。

第三　上記の原則が脅威を受けた場合、両国は適切なる処置をとる。

この通牒で、米国は日本が日露戦争で得た満洲権益を認め、日本はフィリピンの保全を確認した。そして英国が両国に祝福を送ったのは、米国が日本の満洲に於ける地位に了解を与えたと思ったからだ。しかし「高平・ルート協定」は上院の批准を得られず、これはルーズベルト政権を拘束したに過ぎなかった。

同年十一月から翌年六月まで、ストレイトは国務省に新設された極東部長心得となった。ハリマンはなお世界一周鉄道の夢を抱いており、彼は引き続きハリマンのために働いた。

ロシアが東支鉄道を売ろうとしているとの報道が彼らを刺激した。だが日本が反対すると、何とルーズベルトもハリマンの買収計画に反対した。こうして彼らの目論見は挫折したのだが、これが満洲鉄道を巡る日米の確執の真相であった。

ハリマンの死とドル外交の挫折

一九〇九年、次期大統領にタフト前陸軍長官（共和党）が当選した。そこでルーズベルトはタフトの要求に応じ、極東政策の観点を明らかにした。

「我国にとって緊急欠くべからざる大問題は、日本人を米国から閉め出し、同時に日本の好意を保有することである。一方、日本の重大問題は朝鮮と満洲である。それ故、満洲に関しては理由の有無に拘わらず、日本の敵意を挑発し脅威するが如き――勿論、程度の問題だが――如何なる措置もとってはならない。（中略）

満洲に関し、若し日本が米国と対立する道を選ぶとすれば、我々は戦争する覚悟をしなければそれを阻止できない。満洲に関する戦争で勝利を得ようとすれば、英国に等しい大艦隊とドイツに等しい大陸軍を必要とする。（中略）

日露両国が一時期に於いて表面上、如何に友好関係を持していても、両国とも数世紀に亘る伝統的外交政策に支配されている。そして日本は、ロシアは将来好機が来ればこの前の戦争で失ったものを奪い返しに来るに相違ない、ということをよく知っている」（『米国極東政策史』142）

タフト大統領の時代になると、米国のJ・P・モルガン商会、シティ銀行などの財界が一丸となってシナへの投資銀行団が結成された。そして北京代表に推挙されたストレイトは、満洲の日本権益を撃破するために全力を注いだ。

だが一九〇九年十二月、ハリマンが急死した。

それは満洲での鉄道計画の主役が消えたことを意味する。米国の投資団は主体を失い頓挫した。するとノックス国務長官はストレイトを助け、英国のグレイ外相に「英米が協力して満洲の全鉄道の中立化」を提案した。

日本とロシアは米国案に反対し、更に両国が満洲と蒙古の権益を相互承認すると、英国はこの動きに賛同した。日本による満州権益の確定は、ロシアの南下を防ぐことになるからだ。

南部シナでの権益を確定させたかったフランスもロシアに味方し、英仏が賛同することで米国は満洲から閉め出された。米国は英国を非難したが、英国は日英同盟を毀損する計画には賛成出来ない、という態度を貫いた。

タフトは、「英国は日本を助けて何を得ようとしているのだろう」と語ったが、英国にとって、日英同盟はかけがえのない軍事同盟だった。この同盟がある限りシナにおける英国の権益は安定し、米国とロシアは英国と日本に手が出せなかった。

辛亥革命の遠因・漢口鉄道計画

満洲を諦めた米国は機会均等原則に従い、今度はシナ本土での欧州列強の権益に挑戦してきた。一九〇九年五月、英仏独の銀行団が、漢口から四川及び広東へ通ずる鉄道建設を交渉している話を聴いたストレイトは、米国投資団を加えるよう圧力をかけた。交渉の結果、米国は参入できたが、国内の動きを見た清国がこの計画に反対した。

翌年になると、各地で清王朝の転覆を目指す内乱が起き始め、漢口借款への反対運動が全土で繰り広げられたのは、外国の援助により北京政府が強化されるのを地方政権が恐れたからだ。米国は気にもせず、英仏独と共に清国に圧力をかけて調印させたが、この調印が革命に拍車をかけた。

十一年（辛亥の年）九月、四川で漢口鉄道計画に反対する暴動が発生した。

十月に武昌で革命軍が挙兵すると、清朝打倒運動は瞬く間に全土に拡大し、各省は次々に独立を宣言した。それは漢口鉄道計画を機に、北京政府がシナの鉄道を北京の管理下に置こうとしたからであり、そうなると地方軍閥のうま味が消えるからだ。

この混乱を見て、摂政・醇親王《じゅんしん》（宣統帝《せんとう》・溥儀《ふぎ》は幼少だった）は三年前に降格させた袁世凱《えんせいがい》を呼び戻し、暴動の鎮圧を命じた。この時代も袁世凱は隠然たる力を持っており、内閣を組織し、軍事と財務を掌握すると瞬く間に革命軍を破り、漢口を奪還した。しかし彼には野心があり、革命勢力との妥協に走った。

孫文は一八九四年以来、清朝打倒活動を行っては失敗し、海外に亡命していた。だが武昌蜂起を知ると急遽米国から帰国し、一九一二年一月一日に「中華民国臨時大総統」に就任して、この日を中華民国元年と定めた。その後、両者は交渉し、何と袁は孫文の主張する共和制への移行に同意した。

念願叶った孫文は交換条件として「中華民国大総統」の地位を袁に譲り、袁が提示した清帝室への優待条件を認めた。それは孫文の兵力は遠く袁に及ばないことを知っていたからだ。

なぜ清帝室は「中華民国」成立に同意したか

一九一二年二月、皇帝の退位と共和国樹立の詔勅は皇太后によって発布されたが、その裏には袁世凱の策謀があった。彼は、先ず帝室を守る禁衛軍の司令官を暗殺し、次いで「清国を支える四七名の地方官軍司令官が譲位を求めている」という電報を皇帝に届けた。

これを見た清帝室は、「自身の軍隊に見捨てられたことを悟って脅えた」（『辛亥革命とG・E・モリソン』257）。だがこれは「袁世凱の差し金によるものだった」（257）。即ち、虚偽電報だった。

袁はアメも用意していた。それが次なる清廷優待八条件だった。

一、中華民国は清帝を「外国君主に対するような礼」をもって優遇する。
二、中華民国は、清帝に年間四百万円を支給する（これは莫大な金額）。
三、清帝は退位後、頤和園に移る。
四、清帝の宗廟、陵墓は永遠に奉祀する。
五、光緒帝の崇陵、その奉安典礼は旧習通りに行い、経費は全て中華民国が支出する。
六、雇用中の各執事人員は、宦官を除いては、そのまま使用してもよい。
七、清帝の私有財産は、中華民国が保護する。
八、禁衛軍は中華民国軍に編入される。

自軍に見放され、フランス革命のような事態に陥ることを恐れた清帝室はこの条件を飲み、二月十二日、ついに退位を決意した。

清朝第十二世の宣統帝溥儀（当時七歳）は清国は太祖ヌルハチ以来、二九六年でシナ政治の表舞台から去った。これを「辛亥革命」というが、皇帝が殺害された訳ではない。溥儀の帝師、英国人R・F・ジョンストンはその経緯を次のように記す。

「帝室の詔勅によって共和制が樹立された。そして共和国は、皇帝が臣民の要望を聞き入れたことに感謝し、次のようなことを保障したのである。

それは皇帝が完全な尊称を保持することも含めて諸種の特権を保有できること、皇帝の私有

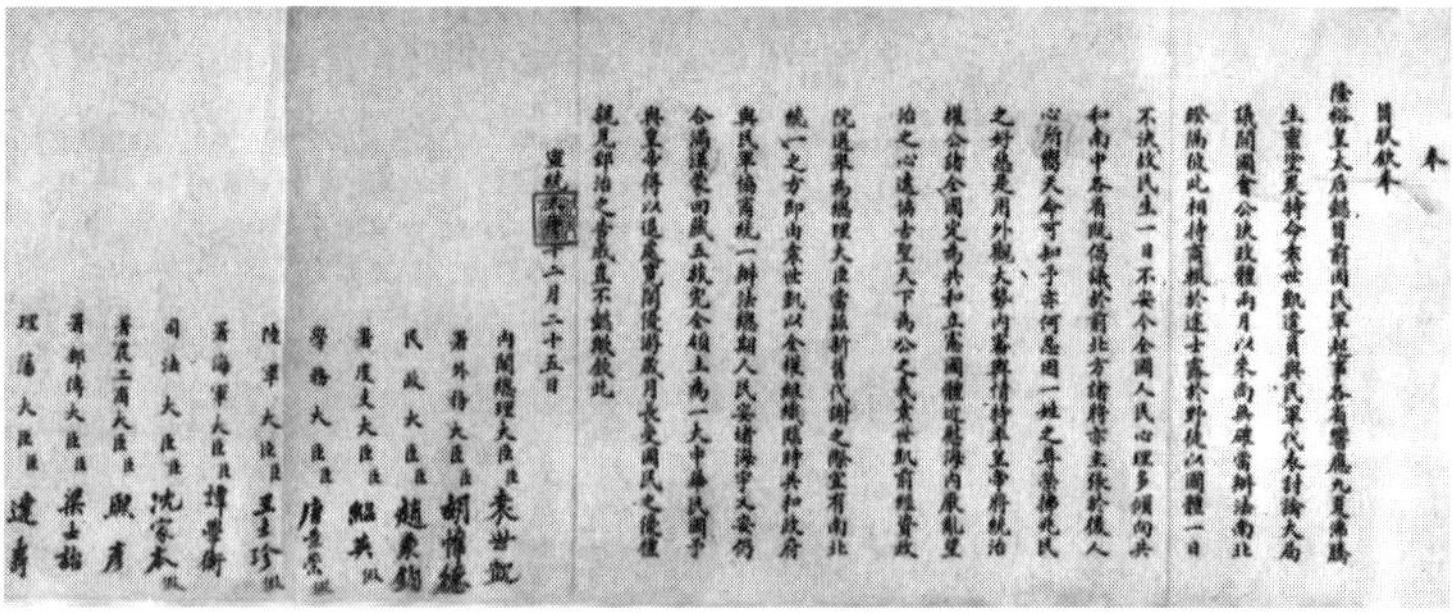

清政府頒佈 退位詔書

財産所有が保障されることのほかに、宮殿のひとつで、引き続き宮廷を維持するために巨額の年金を与えられることである」（祥伝社『紫禁城の黄昏』156）

軍を掌握した袁は北京で臨時大総統に就任した。そして米仏英独の借款団に対し、①軍隊の給料、②秩序の維持、③シナ政府の再組織、に必要な借款を申し入れた。だが、これを認めるとその政権を承認したことになるので、四ヵ国は拒否した。

一方、孫文を中心とする革命派は国民党を組織し、議会闘争に移行した。そして、一九一三年二月の総選挙で大勝したが、それで政権が移行するようなシナではない。

三月、国民党の事実上の党首、宗教仁は何者かに暗殺された。その後、米国が抜け、日露が加わった五ヵ国借款団は袁政権に二五〇〇万ポンドの巨費を供与し、袁の権力基盤は強化された。

四月、議会でこの借款が問題となり、北京と国民党との対立は決定的になった。

七月、国民党は南支で挙兵したが袁の敵ではなく、大敗を喫した。その結果、国民党は散り散りになり、孫文らは日本などに亡命した。

十月、袁は北京で壮麗な祭典を催し、大総統に就任した。その後、国民党解散命令を公布し、翌年一月、国会も解散させられた。

この年、漢口鉄道建設は始まったが、米国の担当区は一九二七年になっても着手できない有様だった。ドル外交の成果は上がらず、シナを混乱に陥れただけだった。

なぜ第三次・日英同盟は締結されたか

日英同盟の第二次改訂は両国の同盟関係を強固にし、外交政策を支配した。駐日英国大使は、「日英同盟の偉大なる実際的価値と利益とは、信ぜられる以上のもの」と理解しており、英国のグレイ外相も次のように考えていた。

「英国の極東政策は、日本政府並びにその民衆と最も緊密なる関係を保つべきである。何故ならそれが日本によって忠実に遵奉されているからだ。そして満洲全土はともかく、奉天までは日本のものである」（『米国極東政策史』175）

この方針は米国のシナ政策の障碍となったが、英国はこの政策を押し通した。そこで米国は英国に、日英同盟の改訂を要求した。タフト大統領は「無制限仲裁条約」、即ち、連鎖的に戦争状態が広がることを「法と秩序で防ぐ」ことを考えた。

米国から日英同盟を見ると、日英両国は共同で軍事行動をとることになり、これは第一に追放すべき条項だった。何故なら、日米関係は満洲問題と人種差別・移民問題で軋轢があり、絶えず日米戦の危機が叫ばれていたからだ。

万一戦争が起きた場合、英国は日本と合体して米国と戦うことになりかねず、これは悪夢だった。そこでタフトは日英との戦争の可能性を消滅させたいと考え、駐米英国大使ブライスに、英国と仲裁条約の締結を提案した。次のような利点を見いだした英国はこの提案を歓迎した。

①極東に於ける米国への非友好的な印象を払拭し、安心感を与えることが出来る。

②英米戦わず、を確定することはドイツへの牽制になる。

③日英同盟がある故に対米戦争に巻き込まれる、という英国民の懸念も払拭出来る。

そこでグレイ外相が日本に日英同盟改訂の希望を述べると、米国との戦争など思ってもいない日本は直ちに同意した。この改訂で英国は日韓併合（一九一〇年八月）を承認し、英国は米国との戦争に不同意であることが表明された。

一九一一年七月十三日、ロンドンで改訂が行われ、日英同盟は更に十年間継続されることになった。そして一九二一年に英国の意向で廃棄されるまで、日英同盟は両国の安定と繁栄の礎となった。

八月三日、英米の仲裁条約は調印され、日英米の関係が円満に進むと思われたが、「日英同盟の廃棄」を政策目標としていた米国上院は、仲裁条約の批准を否決した。その結果、条約上、三国間に重要な変化は何も起こらず、日米戦への道が閉ざされることはなかった。

ドル外交の失敗と終焉

タフトに次いで米国大統領になったのはウッドロー・ウイルソン（一九一三年三月〜一九二一年）だった。彼が引き継いだ東アジア外交は惨憺たるものだった。

「ドル外交は、支那の領土保全を強化するよりも弱体化したものとの烙印を捺されて幕を閉じた。公表した目的を達成することが出来なかったのである。国際的な共同を推進する代わりに、国際的な競争を激化したのである。

満洲も支那も、米国の資本家すら救うことが出来なかった。金融的にも利益が上がらず、一九一四年には漢口鉄道借款の割当である米国の投資総額は七、二九九、〇〇〇ドルであった。

米国の対日非友好的外交が発表されたにも拘わらず対日貿易は増加する一方で、一九一二年では一九〇八年に比し、支那貿易の増加率よりも遙かに大であった」（『米国極東政策史』183）

漢口鉄道計画に始まる混乱で、ロシアは直ちに独立宣言した外蒙古を自国の支配下に置くことを北京政権に要求した。日本は満洲政権を単独に維持する意向である旨、警告を発した。英国はチベットをシナから分離させ、内政まで支配下においた。

シナの混乱は米国の主張する「領土保全と機会均等」どころではなくなった。しかもこの混乱は米国が割り込もうとした漢口借款が原因だった。米国はシナに投資し、影響力を強め、エルドラドへの参入を夢見たが、ドル外交は失敗の内に終焉を迎えた。

第八章

日米戦の遠因・米国の日本人差別

昭和天皇の歴史観・日本人差別と日米戦争

昭和天皇こそ、大東亜戦争の開戦から敗戦まで、その経緯を一貫して知っておられた唯一人の生き証人であられた。その証言を記録した『昭和天皇独白録』（文春文庫）は次のように始まる。

「合計五回、前后八時間余に亘り大東亜戦争の遠因、近因、経過及び終戦の事情等に付、聖上陛下のご記憶を松平宮内大臣、木下侍従次長、松平宗秩寮総裁、稲田内記部長及寺崎御用掛の五人が承りたる処の記録である。陛下は何もメモを持たせられなかった（中略）。記録の大体は稲田が作成し、不明瞭な点に付ては木下が折あるごとに伺い添削を加えたものである。

昭和二十一年六月一日　本編を書き上ぐ

近衛公日記及迫水久恒の手記は本編を読む上に必要なりと思い之を添付す」

この記録は、寺崎英成氏の遺品の中から娘マリコ氏により発見され、一九九〇年に公表された。この記録が貴重で信憑性のある所以は、先ずＧＨＱの検閲を受けていないこと、次いで昭和天皇が敗戦直後、自らの記憶を頼りに語られた一次史料であるからだ。

ここで昭和天皇は日本が戦争に飛込んでいった理由を次のように語っておられた。

「この原因を尋ねれば、遠く第一次世界大戦后の平和条約の内容に伏在してゐる。日本の主張した人種平等法案は列国の容認する処とならず、黄白の差別感は依然存在し加州（カリフォルニア州）移民拒否の如きは日本国民を憤慨させるに充分なものである。かかる国民的憤慨を背景として一度、軍が立ち上がった時、之を抑えることは容易ではない」(24)

では米国は如何なる日本人差別を行っていたのか、その経緯と実態を知っておきたい。

米国の移民政策・シナ人歓迎から入国禁止へ

米国への東洋移民はシナ人から始まった。米国は発展を遂げ、太平洋岸には金山業者や鉄道家が事業を興したので労働力不足に陥った。彼らは安い労働力を求め、それをシナ人が満たした。一八四八年頃から始まった移民は年々増加し、五三年には約二万五千人となり、明治維新の頃には十三万二千人に達した。この時代、シナ人は歓迎された。

だが、彼らの整然たる農場や商店の運営は、白人との競争に勝ち抜き、それが白人の忿怒を駆り立てた。やがて労働力は過剰になり、カリフォルニアの白人労働者は低賃金で働くシナ人によって職を奪われていった。そして生活習慣の違いが人種的憎悪の対象となり、排斥の動きとなった。

七八年、カリフォルニアにおける巡回裁判所により、「支那人は米国帰化法の意味する『白人』ではない」との理由で帰化は拒否された。

八二年、「今後、十ヶ年シナ人の移民を禁止し、同時に、米国法廷はシナ人の市民権を承認せず」となった。この頃、米国では白人暴徒が躊躇なくシナ人を襲い、時に殺害していたが、清国の抗議は全て無効にされた。

八八年、米国は清国と「今後、二十年間支那人労働者の入国禁止」という条約を締結した。

一九〇〇年以来、米国はシナの保護者と自認し、「シナなる統一国家が存在する」との前提で門戸開放と領土保全を道徳の立場から語って来たが、米国のシナ人迫害はシナに於ける外国人排斥と変わらなかった。シナで米国人が迫害されれば、報復としてそれに倍する迫害が在米シナ人に加えられた。

日露戦争が始まった年、「シナ人移民禁止法」の範囲はハワイ、フィリピンを含む全米国領となり、移民禁止は無期限となった。そして在米シナ人も帰化法により米国市民になれず、これが原因で史上初の組織的で大規模な米国製品ボイコットがシナ全土で吹き荒れた。

しかし米国の政策は変わらなかった。それは清国が余りに弱く、如何なる脅威にもならず、貿易額も知れていたからだ。

「黄禍に関する風刺画」(1899年)
この時代、白人社会ではシナ人、日本人の区別は明らかではなかった。

日本人移民、歓迎から差別・排斥・隔離へ

一八八四年、日本人労働者は先ずハワイに入植した。ここに権益を持つ米国企業が低賃金労働者を探す内に、日本人はシナ人に勝ることを知り、八六年、ハワイの砂糖栽培業者は日本との協商に調印した。そして一九〇〇年までに六万を超える日本人が入植し、その数はハワイ在住米国人の九倍、全人口の約四〇%を占めるに至った。

九四年十一月二二日、「日米通商航海条約」が改定・締結され、次なることを相互に約した。

①日本は完全な関税自主権を回復

②自由な通商航海を相互に保証

③内国民待遇＝自国民と同様の権利を相手国の国民にも与える

だが、日本人に内国民待遇を認めた米国は困難に遭遇した。

「日本は既に大国となり、人種平等の原則を唱道（革新運動の指導者）する第一人者をもって任じ、且つ、米国への東洋人移民の最大源泉であった。日本のような国に対しては、米国は支那の場合のように、勝手な手段で排斥するわけにはいかなかった」（『米国極東政策史』345）

既に自主規制を行っていた日本は、米国の意向を尊重し、条約で認め合った権利を抑え、

「過去三年間実施してきた移民制限を今後も継続する」との声明を発した。

「一八八二年、支那人労働者の入国を停止する法案が議会を通過し、更に一八八四年に支那と条約を結んで、この制限を更に十ヶ年延長することとなった。同じような問題が間もなく日本との間に起こった。一八九八年に於ける米国と極東諸国間の移民は多数ではなかったが、米国外交の移民制限の原則は決定的であった」(8)

日本人に対する人種差別と排日運動はカリフォルニアで始まり全米に伝染した。人種平等は日本の国是だったが米国は人種差別を当然としており、両国は価値観で対立した。

「一九〇五年まで（の排日運動　引用者注）は未だ発作的なものであり、その効果も乏しかったが、日露戦争によって急激に燃え上がった。

戦争が始まると、日本と米国との敵意は一応著しく緩和されたのであるが、ポーツマス会議に於けるルーズベルトの行為は、日本人の反感をまねき、この反感はまたカリフォルニアの反動となって現れた。労働組合、新聞紙、及び政治家は合流して、日本人労働者の入国と日本人人口の増加に対して猛烈な反対を展開した」(353)

米国では「日本人排斥連盟」が結成され、サンフランシスコでの大会で彼らは、「支那人に対するルールを日本人にも拡大せよ」と主張した。ルーズベルトは、このような動きに反対したが、それは排外主義者の決意を固めただけだった。

翌年四月、サンフランシスコの地震と火災に対し、日本赤十字は震災被災者に如何なる国よりも多大な寄与を成したが、米国人は訪問した日本人科学者に石を投げ、日本料理店を打ち壊した。

彼らは「日本人隔離令」も議決した。サンフランシスコの全小学校での日本人生徒数は僅か九三人に過ぎず、しかも二五人は米国市民であり、二八人は少女だったが、彼らは、日本人は学校に多すぎる、不道徳だ、などと言いがかりを付け隔離した。

この時代、米国人は自省できなかった。日本人を不道徳な、下劣な、無価値な人種として閉め出そうとした彼らは、自分たちこそ不道徳であり人種差別者であることに気付かなかった。

日本人差別から「オレンジ計画」へ

米国の差別は日米通商航海条約の「内国民待遇」に違背しており、駐米大使は次なる正式な抗議を提出した。その上で、日本に対する米国の歴史的な友好と正義に訴えた。

「日本人児童が異民族であるが故に、特殊学級に隔離され、正常な小学校への入学を許可されない事実は、看過できない恥辱と憎悪とを生ずる差別的行為であると信ずるものである」（『米国極東政策史』357）

ルーズベルトは「調査する」と回答したが、同時に日本と米国の艦隊を、正確に一艦一艦照応し、比較調査することを海軍長官に命じた。また上院海軍委員長に次のような手紙を書いた。

「場合によっては、日本との戦争になるかも知れない。日本人は誇り高く、敏感で、好戦的で、日露戦争の勝利で思い上がっている際ではあり、更に、余の意見によれば、太平洋に於ける指導的国家たらんとしているのであるから、（直ちに戦争に訴えるとは考えられないが）如何なる結果に成かは予想できないのである」（358）

そして対日戦争計画、「オレンジ計画」の策定を命じ、子息に次のような手紙を書いた。

「余は、対日策には痛く悩まされている。カリフォルニア、特にサンフランシスコの非道なる馬鹿者達は、向こう見ずに日本人を侮辱しているが、その結果として惹起されるべき戦争に対しては、国民全体が責任を負わねばならないのだ」（359）

「ドイツ皇帝ヴィルヘルム2世 が広めた寓意画」
日清戦争に勝利した日本に対する三国干渉を正統化するために流布された人種差別政策。
続く日露戦争での日本勝利により全欧州に広まった。
「高台で剣を持つ欧州諸国に、遠方の仏陀（日本）への戦いを呼びかけている」

一九〇七年、日米の努力により学童隔離問題は取り消され、日本は、労働者を米本国に直送しないという過去十ヶ年の施策を持続することに同意した。それでも残酷な日本人差別が続いた。

「米国は紳士協定によって日本人労働者を閉め出し、同時に、日本との友好関係を維持し、ルート国務長官は、サンフランシスコの残酷な日本人待遇に対して、（日本は）ただ一回の抗議を行ったにすぎなかった。若し、米国の市民が東京で同じような待遇を受けたら、米国は果たして日本が示したような自制をなすであろうか？」（363）

同年米国は、日本人がハワイ、カナダ、メキシコなどから米本土へ移住することを禁じた。日米は、日本人労働者は米国へ入国出来ず、米国在住者の両親、妻、子供などに限り、旅券の発行を許可するという紳士協定を結んだ。と言うのも、日米通商航海条約の締結にも関わらず、米国は次のように主張したからだ。

「移民を制御する権利は、条約の条文に拘わらず、主権国家に固着した権利であり、もし条約の条文に書かれていない場合、米国は、何時でも自由に制限的法律を実施しうる」と。

エスカレートする一方の日本人差別を前に、日本は譲歩に譲歩を重ねた。

米国は「日本人花嫁の渡航」も問題視した

その後、日本から米国へ流入する者はいたものの、帰国者も増え、増加数は激減していった。だが、渡米した多くは女性であり、それは花嫁として日本からハワイ及び米国の日本人男性と結婚する目的での渡航だった。

花嫁は労働者の流入ではなく、日米の厳重な協定に違反したものではなかった。その結果、米国での日本人家族が増え、出生数の増加により日本人は増加していった。

一九〇九年から一九二四年までの十五年間、米本土で日本人は七万二千人から十一万一千人へ増加すると、米国はそのことを問題にした。米国は日本の習慣である、写真による見合い結婚を「巧妙な詐欺だ」と騒ぎ始めた。

一九一三年、カリフォルニア州議会は「日本人の土地所有を禁止」し且つ、「借地期間も三ヶ年に制限する」法案を可決した。これは中国が日本人に行った嫌がらせと同じだったが、この法律を作った検事総長は、「目的は好ましからざる人種に対するものだ」と人種差別が根底にあることを明言した。

翌年六月、第一次世界大戦の直前、日本は米国に強く抗議した。

「これは日米の条約無視であり、日本人に対する差別であり、日米の友好善隣に反する」と。

その後も、米国の人種差別により日米関係は悪化する一方だった。それを緩和するため日本は再び譲歩し、一九二〇年以降、写真花嫁の渡航を禁止すると約束した。日本はアメリカ人を差別しなかったが、彼らの日本人差別は止まる処を知らなかった。

日米戦争の噂と米艦隊の世界巡航

日本人差別は収まらず、日米で朝鮮とフィリピンの権益を相互承認した後も、日米関係は悪化の一途を辿った。その後、米国では日米戦争の噂は恒常的になった。それは、米国人が日本人のような差別的扱いを受けたなら戦争を決意する、という気持ちの表れだった。

ドイツは米国に「日本の予備兵がメキシコに上陸した」という噂を流し、米国を悩ませていた。メキシコから広大な国土を奪い取った米国は、日本とメキシコが共同して戦いを挑むことを恐れたのだ。

一九〇七年七月、ルーズベルトはフィリピン司令官に、「何時、日本軍に攻撃されてもいいように備えよ」との命令を発した。

同月二三日、彼はルート国務長官に、「独・英・仏から得た信ずべき報道は、我が国の敗北を予想している」と述べたという。日英同盟が結ばれているこの時代なら、あり得ないことではなかった。そこで陸軍長官タフトはルートに日本の内情を調べさせた。

十月十八日、ルートは東京から、「日本政府は戦争回避に最も苦心を払いつつある」と打電したが、カナダの憂慮も消えなかった。不安を鎮めるため、英国のエドワード・グレイ卿はカナダ政府に向かって「日米戦争が起きた場合、英国は日英同盟に関係なくカナダを支持する」と言明した。

ルーズベルトは戦争恐怖症となり、戦闘艦隊の世界巡航を命じた。それは日本への威嚇だったが、英連邦のカナダ、豪州に安心感を与え、米国が日英同盟の反対勢力として台頭したことを喜んだ。太平洋諸国と英・米の利害が一致し始めたのだ。

ペリー来航以来、日本と友好関係にあり、日清戦争の後もそれは変わらなかった。だが日露戦争を契機に米国が反日へと舵を切ったのは、ルーズベルトが語ったように、有色人種の日本が白人の大国、ロシアを打ち破ったからだ。米国は人種差別から抜け出せず、人種平等を唱道する日本に謂われなきなき憎悪の念を募らせていった。

また、日英同盟が、米国の満州やシナへの経済進出を挫折させた主因と認識した米国は、何時の日か起こるであろう熱戦に備え、日英同盟廃棄を最大の外交目標に定めたのである。

第二部

欧州大戦から日英同盟廃棄へ

なぜ欧州で大戦争が始まったのか。この戦いの真実を知らなければ第二次世界大戦を理解することは出来ない。この間、帝政ロシアは崩壊し、ソ連が誕生したが、米国は共産独裁の恐怖を知らず、日本を封じ込めることに血道を上げた。

欧州大戦で英仏を勝利に導いた米国は、パリ和平会議で敗北したものの、英国を操り、ワシントン会議で勝利した。その成果は日英同盟廃棄であり、外交的失敗を繰り返す日本は孤立と云うより四面楚歌の時代に突入した。その後、米国からの圧力は強まる一方となった。

第九章

なぜ第一次世界大戦は勃発したか

ドイツ帝国の成立と欧州情勢の推移

十八世紀後半、英国から始まった産業革命はフランス、ドイツ、米国へと広がり、様々な製品が大量生産されるようになった。その結果、欧米社会は生産過剰に陥り、一八七〇年代から二十年以上にわたる大不況時代に突入した。米国がモンロー教書を乗りこえ、シナ進出を試みたのはこのような時代背景があったからだ。

一足遅れて産業革命に突入したドイツは長らく小国分裂状態にあったが、一八六二年にプロセイン（普）のビスマルクが宰相になると、デンマークとの戦争、次いでオーストリアとの戦いに勝利し、欧州中央部の覇者として名乗りを上げた。

一八七〇年、プロセインの強大化を嫌うナポレオン三世との戦争が勃発、セダンの戦いでナポレオンが捕虜となり、フランス帝政は瓦解した。

パリを占領したドイツは、七一年一月、何とベルサイユ宮殿・鏡の間でプロセイン国王・ウイルヘルム一世を皇帝に戴くドイツ帝国の成立を宣言した。その後、パリ・コミューンの蜂起に対し、ドイツは仏臨時政府とともに戦闘を開始し、五万もの損害を与えて鎮圧した後、アルザル・ロレーヌ地区を割譲させ、多額の賠償金を課し、この戦いは終結した。

以後、ビスマルクはロシアとフランスの同盟を阻止するため、ロシア、ドイツ、オーストリアで三帝同盟を結び、英国を〝栄光ある孤立〟に導き、欧州の平和を保ってきた。

だが、一八八〇年代後半にブルガリアを巡ってロシアとオーストリアが断絶状態となり、三帝同盟は機能不全に陥った。ドイツ国内でもウイルヘルム二世（カイゼル）が即位すると、特に対外政策を巡ってビスマルクと対立するようになった。

九〇年、この対立が原因でビスマルクが首相の座から去ると、カイゼルは帝国主義的領土拡張と海外進出を実行に移した。

更にバルカン半島への野望を抱くカイゼルはロシアとの関係を断ち、ブルガリア、トルコと手を結ぶようになる。それを見た仏露は九一年に仏露同盟を結び、ドイツを挟撃しうる体制を確定させた。ビスマルク外交の崩壊である。

九〇年代後半、ウイルヘルム二世は対外拡張路線を決定し、九八年に艦隊法を成立させて海軍増強を開始した。それは英国との建艦競争を意味するが、その背景にはドイツの発展があり、やがて重化学工業での生産量は英国を凌駕し、科学技術も最先端を走り、学問の国としても各国をリードした。人口も増え続け、一九一四年には六八〇〇万人に膨れあがった。

英国は、日露戦争前まではシナとインドに脅威を与えるロシアを仮想敵国としていたが、日露戦争の後はドイツへと切り替えた。それは英国への脅威がロシアからドイツへと移ったからである。

英国がドイツを敵視したわけ

ジョン・コールマン博士（一九三五年英国生まれ。元英国諜報機関将校、六九年米国に移住帰化、以後、秘密諜報機関の活動を暴露・警告し続ける）は全ての戦争は経済戦争であると指摘する。

「忘れてはならないのは、十七世紀から十九世紀にかけて、そして二〇世紀初めの英国の戦争の殆どが、経済的敵対国を払拭する為のものだったという点である。こうした政策がどのように実行されたかを検証するだけで、一連の戦争の全てで不当な力が行使され、弱小国が叩きのめされたことが明らかとなる。が、ドイツだけは容易に打ちのめされなかった」（成甲書房『真珠湾　日本を騙した悪魔』153）

その上で、「ドイツ国民の独創性、勤勉さ、発明の才能は英国にとって永遠の心労の種だった。だからこそドイツに対する二度の撲滅戦争が始められた」と次の話を引用した。

「ベンジャミン・フリードマン博士は一九六一年、ワシントンＤＣにあるウィラード・ホテルで行った演説の中で、ドイツへの尽きることのない憎しみの陰にひそむ理由について語っている。〈第一次世界大戦は、ドイツ人に責任のない理由からドイツに対して仕掛けられた。首尾よくやっていることを除けば彼らに非はなかった。彼らは大きな海軍を組織し世界貿易を打ち立てた。忘れてならないのは、フランス革命当時のドイツは三〇〇の小さな都市国家、公国、公爵領など、小さな存在から成り立っていたにも拘わらず、ナポレオンおよびビスマルクの時代に、一つのまとまった国家となり、五〇年の間に世界列強の一つとなったということである。その海軍は英国海軍にも勝るとも劣らなかった。その通商も世界各地で展開されていた。彼らはどこの国より優れた品物を生産し、どこの国よりも安価で売った。それがどのような結果を招いたか？

英国、フランス、ロシアによるドイツ潰しの陰謀である。この三ヵ国がなぜドイツを葬り去ろうと決意したのか、他に妥当な理由を見出すことのできる歴史家はいない〉」（174）

英国はドイツに備え、ロシア、フランス、日本と同盟を結び、ドイツの孤立に努めた。やがて欧州から大戦の足音が響いて来た。

一九〇二年十一月、ドイツ、オーストリア・ハンガリー君主国、イタリアは三国同盟を更新した。欧州ではドイツを中心とするゲルマン民族とロシア、セルビアなどのスラブ民族との対立が表面化し、相互に同盟関係を強化して万一に備えた。

〇四年八月、フランスはエジプトでの英国権益を認め、英国はモロッコでのフランス権益を認めるという取引が成立した。ドイツへの恐怖が、敵対関係にあった両国を結びつけた。

如何にして英仏露三国協商は成立したか

そこでカイゼルは、英仏協商を破るべくモロッコ事件を起こした。英仏協商が破綻すれば、仏露同盟も消え去り、日露戦争により疲弊したロシアはドイツの側に付くのではないか。独露の協商が成ればフランスが加わり、英国を孤立させることが出来ると考えた。

カイゼルはロシア皇帝を「太平洋の提督」と持ち上げ大胆な行動に出た。英国が承認したフランスのモロッコ領有に反対し、ルーズベルトに「独米でモロッコに独立政府を樹立してはどうか」と誘ったのは、彼はカイゼルに親近感を持っていたからだ。

「英国には余とことを共にする人物がいない。（中略）フランスとて同じことだ。余が理解し、余を理解してくれる唯一の人物はカイゼルである」（『米国極東政策史』116）

一九〇五年三月、ジブラルタル海峡に面した要衝、タンジールに上陸したカイゼルは、モロッコに「独立した主権」を認める演説を行い、国際会議の開催を求めた。

「モロッコの門戸開放」は欧州諸国の支持が得られる、と信じたルーズベルトはドイツを支持し、フランスに圧力をかけた。フランスは一旦拒絶したが、戦争準備が整っていないためドイツの要望を受け入れたが、この事件はドイツの強大さを見せつけることになった。

英国はルーズベルトに猜疑心を起こし、極東に於いて英米協調の道を閉ざした。同時に英仏の対独敵対感情は決定的となった。

七月、カイゼルとニコライ二世はヨットに乗って会見し、英国のエドワード七世を、「世界最大の不幸製造家で、最も危険な陰謀家である」と罵り、両者は「どちらかが第三国から攻撃を受けた場合、相互に軍事援助を行う」という「ビヨルケ密約」を結んだ。だが伝統的な仏露の友好関係から、ロシアは「個人的な友好関係と国益は異なる」としてこの密約を葬り去り、ドイツのロシア切り崩しは失敗に終わった。


英国は長年の確執を水に流してフランスと結び、インドや極東の権益は日英同盟で守り、ドイツに備えてロシアとも同盟を結ぼうとした。

一九〇七年八月、フランスの仲介により英露協商（英仏露の三国協商の成立）が成ったのは、このような事情があったからだ。そして彼らの仮想敵国は紛れもなくドイツだった。

それはサラエボから始まった

そんな中、一九一四年六月二三日、欧州の中央部で絶大な勢力を誇るオーストリア帝国の帝位継承者・フェルディナント大公夫妻が、ボスニアの中心都市サラエボでセルビア人青年に射殺された。これはセルビアが関与した暗殺団の仕業だった。

七月二三日、オーストリアはセルビアに十ヵ条に及ぶ最後通牒を突きつけ、二五日に断交を決めた。強気の背後にドイツとの同盟があった。

二五日、セルビアは二項目を除いて受諾したが、オーストリアは不十分として二八日に宣戦布告した。オーストリアはフランスやロシアと戦争をする気など全くなく、バルカンに勢力を伸ばすためにセルビアだけを屈服させるつもりだった。だが、事態は思わぬ展開となった。

三十日、不凍港の獲得を目指し、セルビアを支持するロシアは、バルカン半島に独墺の影響力が及ぶのを防ぐべく、オーストリアとドイツとの一戦を覚悟した。革命前夜のロシアに鬱積する国民の不満を外に向けるため、総動員令を発した。

三一日、これを見たドイツはロシアに対し、十二時間以内にドイツとオーストリアに対する軍事措置の中止を求める最後通牒を発した。

八月一日、ドイツはフランスに、独露が開戦した場合に中立を維持するか打診した。すると英仏露協商の締約国フランスは総動員令で応えた。ドイツとの戦争を決意したということだ。

包囲されたドイツは同盟国のオーストリアを守るため、同日、ロシアに宣戦布告し、三日にはフランスにも宣戦布告した。そして、ベルギーを通ってフランスへの侵攻を開始した。

四日、これを見た英国はドイツに宣戦布告した。こうしてドイツ、オーストリア・ハンガリーと英、仏、露に分かれて繰り広げられる大戦争が始まった。

なぜ日本はドイツに宣戦布告したか

欧州大戦が勃発するや、袁世凱は山東のドイツ権益を日本から守るため、直ちに米国（ウィルソン）に次なる依頼を行った。

「支那の領土、領海或いは租借地に於いて、戦闘を行わざる旨、関係ヨーロッパ諸国の同意を得るよう斡旋を乞う」（『米国極東政策史』189）

介入の口実を得た米国は、関係国に、「全極東の現状維持および太平洋の中立に同意するか否か」を問い合わせたが回答する国はなかった。

日本は、「日英同盟により英国に味方する」旨、申し出たが英国は、「それは有難いが、日露戦争で英国は参戦しなかったから迷惑をかけたくない」と辞退した。内実は、日本の影響力拡大を懸念し、日本に膠州湾と南太平洋の独領群島の占領をさせまいとしたのだ。

英国は、自国のアジア艦隊とオーストラリア海軍が連合すればドイツの東洋艦隊を撃破できる、と踏んでおり、オーストラリア海軍に独領太平洋諸島への軍事行動を依頼した。だがマリアナ諸島のパガン島に集結するドイツ東洋艦隊との戦いを恐れたオーストラリアは拒絶した。

八月七日、やむなく英国は方針を変更し、日本に、「わが商船を攻撃しつつあるドイツ装甲巡洋艦を狩り出し、撃破して貰いたい。我等の意見に従えば、貴国の参戦は避け得ないと思う」という覚書を提出した。ドイツ艦隊の主力は南米経由で本国への帰還を決めたが、英国の通商破壊を目論むドイツ巡洋艦がインド洋へと向かったからだ。

八月十三日、ドイツは米国ブライアン国務長官に中立化に賛成する旨回答したが、十五日に日本はドイツに次なる最後通牒を突きつけた。


「日本海及び支那海から全武装船舶を引き上げるか、武装解除するかし、〈一九一四年九月十五日以前に、終局に於いて支那に返還するのと同じ見地に立ち、膠州の全租借地を無条件、無償金で日本に引き渡すべき〉を、八月二十三日までに回答せよ」(193)


黄禍論者のウイルヘルム二世は、「ロシアが黄色人種に弱点をさらけだしたいま、今度はドイツが黄禍の拡大に歯止めをかける番になった」(『黄禍論とは何か』草思社235)と、ロシアの敗北と日英同盟に憤怒しており、日本の要求に応ずるはずはなかった。

ドイツからの回答はなく、二三日、わが国はドイツに宣戦を布告した。

戦ってみると日本軍は強く、開戦三日後に日本艦隊は青島を封鎖し、九月二日には膠州を占

ドイツ青島要塞を砲撃する日本軍

領すべく約三万の軍が背後から上陸、英軍も一五〇〇名を派遣し参戦した。そして旅順の経験を生かして重砲による攻撃を行い、十一月には難攻不落といわれた要塞を陥落させた。

シナの中立、即ち戦争当事者でない国の領土を侵害した英国は、日本を不問に付した。それは英仏の東洋での戦争目的は、シナ貿易に於いて英仏を脅かす存在になっていたドイツを一掃することにあったからだ。そのことを次の一文が表している。

「フランス及び英国の目的は、（中略）支那に於けるドイツの商業的競争を完全に絶滅させることであった。この目的貫徹は、特に英国商人に満足を与えた」（228）

十二月になると、山東半島のドイツ権益を手中にした日本は赤道以北の独群島を占領し、以南は豪州海軍が占領した。これを機に日本は、英国のグレイ外相に、「満洲と関東州に於ける日本の地位を堅固にしたい」と通告した。

グレイは、「これらの事は、第三国の干渉なしに日支両国で決定されるべきである」との見解を示し、それを受けて日本は行動を起こした。

第十章

ペテンにかかった「二十一カ条の要求」

「二十一カ条の要求」と米国の反応

一九一五年一月、英国の了解を得た日本は「二十一カ条の要求」交渉を開始した。同月十五日、加藤高明外相は駐支公使日置に命じ、袁世凱に対し、五号・二十一カ条からなる要望書を秘密厳守のもと手交させた。

第一号　山東省ドイツ利権の対日本譲渡を主とする要求、四条。

第二号　満洲及び東部内蒙古の特殊権益を永久且つ強力に確保しようとしたものであり、旅順・大連租借期限と南満洲・安東‐奉天間の両鉄道の期限九十九ヶ年延長するなどの要求、七条。

第三号　揚子江流域に於ける鉱山並びに工業の独占的特権の要求であり、これらを日支合弁で経営することを提案した二条。

第四号　支那沿岸の如何なる港、湾、島嶼も割譲しないことを要求。

第五号　支那全土に拘わる問題であり、政治、財政、軍事顧問として日本人を招聘することなど、七条からなる日本の希望。

袁世凱にとって唯一の望は、シナに同情を寄せていた米国を「道具」として介入させることであり、この要望を故意に歪曲させた上で米国に漏らした。

「一月二十一日、駐支米公使パゥル・ラインシュは、秘密な経路により、歪曲された情報を得たので、迅速かつ秘密裡に既成事実たらしめんとした日本の戦術は失敗に帰した。かくて間もなく世界は〝二十一カ条の要求〟として有名な排他的な、政治的、経済的特権の交渉が開始されていることを知ったのである」(『米国極東政策史』196)

デマも交えて「二十一カ条の要求」が飛び交ったのは、反日世論を喚起するため、北京政府が虚偽情報を新聞社などに漏らしたからだ。

・南満洲の警察と行政権を日本に譲渡す。
・内乱ある時は日本に援助を求め、シナの秩序維持に当たるべし。
・シナ陸海軍は必ず日本人を教官とすべし。
・シナの石油特権を譲渡す。
・シナを開放し、日本人の営業を許可する。

ラインシュは、「支那の新聞報道」を事実としてワシントンに伝達した。

日本は否定したが、歪曲されたこの要求に接した米国民は沸騰し、日本の外交侵略の驚くべき実例として日米関係は険悪となった。米国の通商関係者は日本を強く非難し、シナ支援を表明した。例えウソであっても、忿怒を燃え上がらせるのはプロパガンダの常識である。一度燃え広がった忿怒を沈静化するのは困難なことを彼らは知っているからだ。

だが正式文書を読んだ米国の対応は冷静だった。

「ブライアン国務長官が要求の全文を入手した時の態度は慎重を極めていた。桂・タフト、高平・ルート協定の線に沿って、彼は〈接触地帯には特殊権益と特権とを生ずる〉という日本の主張には非を打たなかった」(203)。

一号から四号まで、例えば満洲及び北支での権益拡張と山東のドイツ権益取得への反対はなく、台湾の対岸、福建省の特殊権益を承認する行動にさえ出た。米国の攻撃は第五号の撤回に集中した。

英国に芽生えた日本への警戒感

北京特派委員フレイザーからこの情報を受け取ったタイムズ社は、二月十三日、「日本の対支那要求」という社説を載せた。米国民と異なり、シナ人の虚言癖を知る英国人は先ず情報自体を疑った。

「わが社に届いたこの情報は支那政府から正式に通知されたものではない。北京から届いたこの情報は疑わしいから気を付けるべきであろう。日本の要求は特に厳しいものとも不合理なものとも思えない。この通告は既に先月日本政府から英国政府及び露仏米にも通達されたものとわが社は理解している。

この要求は欧州大戦初期にドイツの影響下にあった支那政府との関係をしっかりとした基礎に載せておきたいとの日本政府の希望に基づくものである。詳細で正確な情報が得られるまで、その規模、性格に関する判断は差し控えるべきである」（『辛亥革命とG・Eモリソン』308）

フレイザーから、第五号の「日本の希望」があったことを知った二月二二日の社説も、日本に好意的なものだった。

「この大戦にあって日本海軍の対英支援を考慮するならば、日本の然るべき対支那政策を英国が非難するのは恩知らずと言うべきであろう。この要求は、支那の権威を侵すものでもなく、機会均等の原則を犯すものでもなく、また、英国の在支那利権を犯すものでもない」（309）

だが「第三号、揚子江」に触れた条項を見た英国の通商関係者が強い反対を表明したことで、英国議会や新聞をはじめ各方面で対日非難が起きた。

英国政府から、揚子江流域の鉱山並びに工場の権益を侵害される懸念が表明され、「二十一カ条の要求」が英国の権益保持を約した日英同盟違反にならないよう求めた。更に、この要求を通すために軍事行動を起こす意図があるなら英国に相談せよ、と忠告した。

これを見て、「第三号」を撤回しておけば、その後の英国との関係も違っていたと思われる。だがこの懸念を放置したため、英国に対日警戒感が芽生えたのである。

英米も認めた四号「十四カ条」の日支条約

なぜ日本はこのような要求を行ったのか。グリスウォルドは日本の立場を代弁した。

「日本は日露戦争以来、長足の進歩を遂げた。しかしその地理的位置により、当然得られであろう目標から遠く離れていた。近代工業に必要な天然資源を自給出来なかった。ロシアから獲得した南満洲の確保も完全とは言い難く、ロシアの脅威はなお残っていた。支那贔屓《ひいき》に舵を切った米国は不安の種だった。南方に目を向けると、支那本土は欧州諸国の権益を突破することは困難だった。

日本は西欧列強や米露のような植民地からの確固たる収入源を持っていなかった。彼らにとって支那本土の資源は投機対象に過ぎなかったが、日本にとって生存のため必要不可欠なものだった。特に満洲は日本が二度の戦争で獲得した地であり、決して失ってはならないものだった。

然るに今、西欧諸国は戦争のまっただ中であり、この機に満洲と東蒙古の足場を強固にし、山東半島を加えれば三国干渉によって失った地を償って余りある。やがて西欧列強に比べ余りに貧弱な財政的な欠陥を補うことが出来る。この目的を欧州大戦で列強が身動きできないこの機に、厳然たる事実にしておきたかった。それが二十一カ条の要求を提出した理由である」（『米国極東政策史』198）

一九一五年五月初旬、袁世凱は山県有朋など元老の下へ有賀長雄を特使として派遣し、「二十一カ条の要求」の修正を試みた。有賀は、一九一三年から袁世凱の法律顧問になっており、シナの新憲法を起草した国際法の専門家だった。その有賀は次のように語った。

「グレイ英国外相は欧州の大戦に鑑みて対日友好関係を重視して自制の方針をとっているが、二十一カ条要求は日英同盟の精神に反すると苦々しく見ていることの内情や、諸列強の反感が強まっていることなどを詳述し、二十一カ条要求が国際社会に於ける日本の地位を傷つける問題として深刻化している事情を説明した。

その結果、五月四日の元老・内閣会議は、加藤外相の外交を非常につたなく未熟であると批判した」（『辛亥革命とG・Eモリソン』311）

元老から批判を浴びた加藤外相は、原案から第五号を撤回し「十四カ条の要求」とした。

五月七日、日本はシナに最後通牒を発したが、欧米から「支那保護化の目論見」とされた第五号を撤回したことで米国の目的は達せられ、ライッシュ米公使は「対日衝突は避けるべき」とシナ政府に勧告した。英国も受諾するよう動いた。

二五日、こうして「日支条約」は調印され、両国は通牒の交換に至った。

だがシナの新聞は一斉に日本非難を開始し、五月八日を「国辱記念日」と呼びかけた。それに応え、シナでは対日非難と日本製品ボイコットが巻き起こり、袁世凱と米国にとって願ってもない展開となった。

袁世凱の罠、「日本の要求として欲しい」

日本は「二十一カ条の要求」を突きつけたと信じられているが謀略だった。清帝を騙して退位させた袁にとって、日本を騙すなど容易かった。ラルフ・タウンゼントは、『暗黒大陸・中国の真実』（田中秀雄・先田賢紀智訳　芙蓉書房出版）でその内幕を暴いていた。

「これは交渉に当たった日本の外交官からじかに聞いた話であるが、内容が公になるずっと前に、中国代表団は内容に満足し、調印に同意していたそうである。ところが、中国側はこう持ち出してきた。

〈内容はこれで結構だが『要求』ということにしてはくれまいか。そうした方が見栄えがする。やむなく調印したのだという風にしたいのだが〉と。

これを受けて日本側は〈その方が良いならそういたしましょう〉と言って、高圧的な態度に出るふりをした。それで中国人は不承不承、署名するという風にしたのである。裏でかなりの金が動いたであろう。中国との交渉事は金次第と見てきたからである。

ところが今回は計算違いだった。〈日本に脅迫されてやむなく調印した〉という体裁にしたのは、中国の国内の中国人に納得して貰うためだった。ところがアメリカがこれに噛みついた。〈哀れな中国に、過酷な要求を突きつけるとはけしからん〉とばかり、同情が湧き上がった」(258)

ラルフ・タウンゼント（一九〇〇—一九七五）は次のような経歴を持つ。
〔アングロ・サクソン系アメリカ人。コロンビア大学卒後、新聞記者を経てコロンビア大学英文科教師となり、国務省に入る。一九三一年、上海副総領事として中国に渡り、満洲事変に伴う第一次上海事変を体験。その後、福建省の副領事として赴任、一九三三年初めに帰国すると外交官を辞め、大学講師のかたわら著述と講演活動に専念した。彼はシナの真実を知っており、それが親日的言論活動となったため、真珠湾攻撃後は一年間投獄された〕
この話は慰安婦を巡る「河野談話」の成立過程に酷似している。「日支条約」は締結されたが、「河野談話」同様、加藤は外交上の失敗を隠すため、内実を公表出来なかった。そして

「河野談話」が日韓関係を破壊したように、実際は十四ヶ条、所謂「二十一カ条要求」は日支関係を破壊した。

日支条約が締結されると袁世凱は、「一九一五年の日支条約は日本に脅迫されて結ばれたものので無効である」と内外に主張し始め、大衆を煽り、条約の実施を妨害し日本人を締め出す手段に出た。

「驚くべきことは、中国が条約調印直後の一九一五年六月に懲弁国賊条例なるものを公布したことだ。これは日本人に土地を貸したものは、国賊として公開裁判なしに死刑にするという峻厳を極めた法令で、勿論日本人の土地取得妨害が目的である。同時に中国は南満洲の官吏に〝商租地畝須知〟なる秘密の手引書を頒布して、日本人に対する土地商租の妨害を命じた。

このため、日支条約で確定したはずの南満洲に於ける日本人の土地商租権は、条約調印と同時に事実上、空文と化したのである」（『大東亜戦争への道』155）

以後、わが国が獲得した満洲の諸権利は悉《ことごと》く侵犯され、日中対立は激化して行った。

一九一六年七月、日露は「支那を、日露に敵意を有する第三国の政治的優位下に置かしめない」という防御同盟を結んだ。米国の反日に比例する形で、日本はロシアへの警戒感を解いていった。

第十一章

英国の謀略と米国参戦

英国の反独プロパガンダと「ブライス報告」

英国は、「ドイツがベルギーの中立を侵害した」との理由で宣戦したが、実はこの機を待っていた。英国は、米国民はプロパガンダに弱いことを知っており、米国に対独参戦を促すため、ドイツを絶対悪とする宣伝戦を開始した。程なく英国の新聞に、「母親のスカートにしがみつく赤ん坊の手を、ドイツ兵が切り落としたのをこの目で見た」、「ドイツ兵が十六歳の少女を輪姦した」、「七人のドイツ兵がベルギー女性を強姦し、後に殺害した」というような記事が載るようになった。

ベンジャミン・フリードマン博士は、「英国が執拗に虚偽報道を行うのは、戦争を行うときの常套手段、米国世論を対独参戦へと導くためだった」と記す。

「日本軍および軍司令部によって中国で行われたいわゆる残虐行為（中でも南京大虐殺は最も悪名高い）はタヴィストック研究所によって捏造され、広められ、最終的には嘘が上塗りされ、幾重にも歪曲され〝事実〟となった。このような作り話の情報宣伝は今に始まったことではなかった。

第一次世界大戦中には、ドイツが類似のデッチアゲに苦しめられた。ドイツ兵に切り落とされ、手足を失ったベルギー、フランスの子供たちの話もそんな一つだった。（中略）

アメリカ人に支援されたウエリントン・ハウスは─敵の人間性を抹殺し、ドイツ国民を残忍で野蛮な民族とするために─中心となって情報宣伝を大々的に続けた」（『真珠湾　日本を騙した悪魔』44）

この虚偽宣伝が一般大衆の嫌独観と敵対感情を醸成し、ボディーブローのようにドイツにダメージを与えていった。

一九一五年五月十二日、英国は『ブライス報告』（正式名称は『ドイツ軍による残虐行為疑惑調査委員会の報告』）を公表した。そこにはドイツ軍がベルギー占領中に行ったとされる、非戦闘員の虐殺、強姦、掠奪の〝証言〟が英国政府公認の報告書として作成され、米国で拡散された。

調査委員長ジェイムズ・ブライスは、ドイツの大学で学んだ経歴を持ち、法律・政治・歴史に造詣が深く、ボーア戦争での英国の残虐行為に批判的だった。また在米英国大使も務め、米国での名声も高かった。それ故、公的機関という権威とブライスの名声が、今まで英国の新聞紙上の記事に懐疑的だった米国世論を動かす契機となった。

だが、これは「英国戦争宣伝局」によって作成されたプロパガンダだった。戦後、ベルギーで行われた検証によれば、『ブライス報告』を裏付ける事例は皆無だった。そしてブライスは多くを語ることなく、戦後まもなく亡くなった。

なぜルシタニア号は撃沈されたか

一九一四年九月、開戦直後、ドイツの小型潜水艦U九が英国の装甲巡洋艦三隻を撃沈した。その後も英国軍艦は潜水艦により撃沈されていった。だが英国はドイツの暗号を解読しており、海戦を有利に進め、遂には北海を機雷で封鎖した。これに対しドイツは、「これは商船をも標的にした無差別攻撃に当たる」と抗議した。

十五年二月、機雷封鎖への報復として、ドイツは英国周辺に封鎖海域を設定し、この海域に入った船は商船であっても撃沈する、と公表した。補給が断たれた英国は苦境に立たされた。

同年、ドイツは英国空襲を開始した。四月二二日、ドイツ軍はイープルの戦場で致死性の毒ガスを使用し、フランス軍二個師団が沈黙のうちに壊滅した。以後、両陣営は毒ガスを使うようになる。

五月七日、英国のルシタニア号が封鎖海域に進入し撃沈された。犠牲者は一一九八人に上り、その殆どは英国人だったが一二八人の米国人も含まれていた。米国は抗議したがドイツは反論した。

「この船が出航する前から英国への兵器を積み込んだ補助軍艦として標的になっている、と米国の新聞に警告していた。だから撃沈は合法だ」と。

U21の魚雷攻撃を受けて沈みゆく英国商船

どんな言葉にも反論は可能であり、英米は次のように糾弾した。

「それが国際法上合法であろうと、何の罪もない民間人を殺したことに変わりはない。警告に従わなかった民間人を警告通り殺す、ドイツ人全員が文明社会の外にいることを示す」と。

国際世論の非難を浴び、米国の参戦を懸念したドイツは、九月一日、無差別攻撃作戦を中止した。お陰で英国は息を吹き返すことになる。

英国は如何にして味方を増やしたか

大戦勃発直後の一九一四年十月、オスマントルコはドイツ側に立ってロシアに宣戦布告した。同時に英仏と戦争状態になった。そこで英国は、アラブ人を味方に付ける手立てを考えた。

一九一五年七月から一六年三月にかけて太守フサインと書簡を取り交わし、在カイロ英国代表のマクマホンを使って、「トルコに背き、反乱を起こし、アラブ地域からトルコを放逐すれば独立を認める」と約束した（「フセイン・マクマホン協定」）。

英軍の中に中東専門家のエドワード・ロレンスがいた。彼はフサインの三男・ファイサルに接触し、彼の配下のゲリラを支援し、連合国に協力するよう仕向けた。標的はトルコが建設したダマスカスからメジナを結ぶ鉄道だった。そのためトルコは三個師団を割かざるを得なかったが、仮にその兵力を、英国への石油供給基地、クウェート攻略に振り向けたら、英国は危機に瀕したはずだった。

ファイサルは、アラブ帝国建国という見返りが得られると信じたが、英国は約束を守らなかった。武力で劣るファイサルは約束違反を咎められず、彼らが独立を果たしたのは大東亜戦争の後だった。

大戦勃発に伴い、ドイツ、オーストリアの同盟国だったイタリアは中立を宣言した。戦は決着がつかなかったため、英国はイタリアを味方にする策を講じた。

一九一五年四月、イタリアに対し、英国は、「勝利の暁には南チロルやイストリアをイタリアに委ねる」と誘い、秘密協定を結んだ。この地にはイタリア人が住んでいたがオーストリア領となっており〝未回収のイタリア〟と呼ばれていたからだ。五月、イタリアは秘密協定に従い〝オーストリア〟に宣戦布告した。しかしイタリア軍は弱兵、大した役には立たなかった。

ルーマニアも中立を宣言した。だが一九一六年初め、英国はルーマニア系住民の多いオーストリア領トランシルバニア地方の併合を認めることを条件に、英国側につくという「ブカレスト秘密協定」を締結した。そして八月、オーストリアだけに宣戦布告した。

所がドイツをはじめ、全同盟国から宣戦布告を受け、ドイツ、トルコ、ブルガリア軍との戦いが始まると、七五万の陸軍を擁したルーマニアは、わずか三か月で敗北してしまった。その結果、油田地帯と穀倉地帯を手に入れた同盟国側の継戦能力は強化されることとなった。

ポルトガルも参戦した。その目的は自国の植民地、モザンビークとアンゴラを守るためだった。何故なら、そこからの一次産品がポルトガルの経済を支えていたからだ。

そこで制海権を持つ英国に付き従ってドイツの植民地軍と戦った。だが派兵はアフリカに留まらず、特にフランスの戦場へも兵士を送り込むことになる。そのおかげで、戦後も植民地の保持が認められたのだ。

十六年十月、英、仏、露は、「対独戦争勝利の暁にはオスマントルコを解体し、アラブ地域の宝、中東の油田地帯を山分けする」という「サイクス・ピコ協定」を結んだ。フランスはイラク北部からシリア、レバノン辺りを獲得し、英国はイラク中部・南部、ヨルダン、パレスチナ南部を獲得する、とした。そしてエルサレムを含むパレスチナ北部を国際管理地とした。民族や歴史を無視し、英仏がこの地を機械的に分割したことが今日に続く中東問題の原因になっている。

この協定は第一次世界大戦後に実行に移されたが、ロシアは革命で崩壊したため、英国はソ連に分け前を与えなかった。その腹いせか、この密約は一九一七年十一月、レーニンにより暴露された。

英国とシオニストとの取引

一九一六年六月二四日、英軍を主力とする連合軍は一千門の火砲を配備し、五日間で一〇〇万発を超える砲弾をドイツ軍陣地に撃ち込んだ。そして七月一日、歩兵による突撃を開始した。ところがドイツ軍は反撃に移り、連合軍は一日で六万人もの死傷者を出すに至った。

戦いは消耗戦の様相を呈し、万策尽きたが英国の勝利は見えて来なかった。そして英国が真剣に講和を模索していた時、ドイツ在住のシオニストが英国の戦時内閣に現れ、次なる提案を行った。（シオニストとは、パレスチナの地にユダヤ人国家を建設する目的で行動するユダヤ人の総称）

「諦《あきら》めるのはまだ早い。米国が英国の味方として立ち上がれば英国は勝つことができる。私たちが、アメリカが英国の味方となりドイツと戦うよう保証しましょう。約束はただ一つ。戦勝の暁にはパレスチナの地にユダヤ人国家を樹立させることです」と。

これは一九六一年、ユダヤ人のベンジャミン・フリードマンがワシントン・ＤＣで行った演説に基づいている。ユダヤ人が国家建設を悲願としたのは、彼らには、私たち日本人には理解出来ない苦難の歴史があるからだ。

ユダヤ人が西欧社会で暮らすとき、ユダヤ人であることを隠さねばならなかった。そしてキリスト教徒であると装うために、教会への多額の寄付も不可欠だった。これを内なるゲットーと言うが、迫害を避けるためには致し方なかった。

だがユダヤ人の居住エリア、即ち外なるゲットーを設け、その内側で暮らす場合はユダヤ人であることを隠す必要はなかった。彼らが内なるゲットーも外なるゲットーもない世界で生きるには国家建設しかなく、シオニストは今がチャンスと見たのだ。

十月、英国はこの条件を呑んだ。

それまで米国の新聞はドイツに好意的な報道をしていた。というのも、ユダヤ人はロシアから強い迫害を受けており、米国に逃れたユダヤ人はロシアに勝ってほしくなかったからだ。

この取引が成立すると米国の新聞論調は一変した。ドイツを残虐な悪役に仕立てるため、あらゆるプロパガンダが開始された。「邪悪なドイツ」というイメージ操作が続けられ、新聞情報に頼る人々は抗する術を知らなかった。そして、邪悪なドイツを「やっつけろ！」という世論が米国で醸成されていった。

日本艦隊派遣と日英の取引

ドイツの東洋艦隊が東洋から退避すると、英、仏に加え、ロシアまでもが日本軍の欧州派遣を懇請してきた。だが日本は拒絶した。

英国は、「日本の欧州出兵費用は負担する、出兵すれば講和条約の時、有力な発言権が得られる」との条件で再度出兵を要請した。だが加藤外相は、「帝国軍隊の唯一の目的は国防であり、それ以外の目的で軍を海外に送ることは、軍の根本、主義と相容れない」と断った。ベルギー、セルビアからも陸軍の派兵を求められたが、日本は断り続けた。


一九一六年末になると、ドイツはロシア軍を撃滅し、フランス軍には六〇万もの損害を与え、完勝していた。オーストリアに宣戦したルーマニア軍も撃破し、油田地帯と穀倉地帯を手に入れた。旗色が悪くなった英国は、陸軍以外に日本艦隊の地中海派遣を要請した。

制海権を得ていたとはいえ、ドイツの潜水艦隊は健在であり、戦の帰趨は明らかでなかった。日本は、「帝国海軍は外敵から日本を防御する組織であり、艦隊を遠征させる余力はない」と断った。今も耳にする台詞《せりふ》だが、日本は「情けは他人《ひと》の為ならず」という格言を忘れていた。

これでは同盟の意義がなくなる、という秋山真之少将の主張などもあり、地中海への派遣を決めた。だが英国と事前交渉を行い、条件を付けた。

「一九一七年一月二十七日、日本は英国との間に、平和会議の際、日本が赤道以南の独領群島の英国領有を支持する代わりに、英国は日本の山東に於ける旧ドイツ権益と赤道以北の独領領有を支持する交渉に入った。二月十六日、英国はこの取引に同意した」（『米国極東政策史』215）

英国は、日本の援助を得るためならシナの領土などどうでも良かった。ヤルタ密約（後述）時のルーズベルトの心境だった。

十七年二月一日、ドイツは無制限潜水艦作戦を宣言した。

ロシア、フランスからも地中海への艦隊派遣を懇請され、シナの参戦承認も求められていたわが国は、仏、露が英国と同様の条件を認めることを条件に艦隊派遣とシナの参戦に賛成した。

こうしてシナの参戦反対は米国のみとなった。シナの参戦と云っても、英、仏、露がシナに期待したのは労働力だった。実際、シナから延べ十九万人の苦力が英仏戦線の後方に送られた。またロシア人に雇われた多くの苦力がシベリアで働いた。（『米国極東政策史』230）

十日、取引が完了し、わが国は地中海で輸送にあたる連合軍艦船の防衛任務を決断した。

海軍は、アジアから英仏への輸送船を護衛する第一特務艦隊と地中海に派遣する第二特務艦隊を編成し、第二特務艦隊は防護巡洋艦「明石」と駆逐艦八隻とした。後に装甲巡洋艦「出雲」は「明石」と交代し、駆逐艦四隻が追加派遣された。

四月四日、エジプトのポートサイドに到着した第二特務艦隊は、連合国の船団護衛の任務に就いた。以後、護衛のための出撃は三四八回に上り、七八八隻に及ぶ連合国側の輸送船や病院船を護送、兵員輸送作戦にも従事した。そして七〇万人の兵員輸送に貢献し、敵潜水艦との交戦も重ねた。この戦いで戦死した日本人将兵七八柱は今もマルタ島に葬られている。

だが陸軍は英国の要望に応えず、観戦武官の派遣に留まった。それは日英同盟違反ではなかったが、陸軍は、タンク、毒ガス、飛行機、重火器、機関銃など、最新兵器を総動員した近代陸戦の凄まじさを学ぶことが出来なかった。そのため近代戦に不可欠な最新兵器の開発や戦術に遅れをとった。

ドイツの外交的失敗・ツィンメルマン電報

一九一七年一月十六日、ドイツ外相ツィンメルマンはメキシコ政府に次なる暗号電報を打った。ドイツはメキシコに軍事顧問団を送っており、両国は親密な関係にあったからだ。

「我々は二月一日から英国に対して無制限潜水艦作戦を開始する。我々は米国が中立を保つよう努力するが、それがうまくいかない場合、ドイツはメキシコと同盟を結びたい。

米国への先制攻撃はドイツが援助し、欧州戦でドイツが勝利した場合はかつての戦争で奪われたテキサス、ニューメキシコ、アリゾナをメキシコに返還させる。さらにメキシコに日独の仲裁を依頼し、日本が米国に宣戦布告をするよう促す」。

英国海軍諜報部はドイツの暗号を傍受・解読しており、ドイツの企みを公表しようとしたが、公表すれば英国がドイツの暗号を解読していることが露見してしまう。だが知らせなければ、米国の参戦は永遠に訪れないかも知れない。そこで英国は考えた。

「この暗号電報は、米国ドイツ大使館からメキシコのドイツ大使館宛にメッセージを送るだろう。ならばその電文がメキシコシティの公共電信局にあるのではないか。そうなら、メキシコでの諜報活動により獲得した文書として、米国政府に手渡すことが出来る」

果たして結果はその通りとなり、ドイツの暗号電報は米国の知るところとなった。

二月一日、ドイツは無制限潜水艦戦を再開した。三日、それを理由にウイルソン大統領はドイツとの国交を断絶した。

二五日、ツィンメルマン電文がウイルソンにもたらされると、彼は国民が激昂する事を願い、電文を報道機関に流した。だが多くの国民は次のように受け止めた。

「この電報は米国とドイツとの戦争をもたらすために流された偽電報に違いない」

この見方は、日本、ドイツ、メキシコ、アメリカの平和主義者、ドイツ支持のロビーにより支持され、偽電報を発したものを非難したほどだった。

三月、ウイルソンの目論見は失敗に終わったかに見えたが、ツィンメルマンは演説の中で、この電文は自分が打ったものであり、その目的は「自らの立場を明らかにし、米国の欧州参戦に警告を与えることだった」と述べた。米国民はこのような干渉を極端に嫌う国民性がある。

反独プロパガンダで洗脳されていた米国世論は反ドイツで沸騰し、ドイツ潜水艦が米国艦船を撃沈している現実を重ね合わせることで方針は決した。ドイツの勝利は自国の安全保障に影響を与える恐れが明らかになったからだ。

一九一七年四月六日、米国はドイツに宣戦布告した。それは日本海軍がポートタウンに到着したわずか二日後だった。

なぜ「バルフォア宣言」は出されたか

戦争を決意した米国は、欧州に大軍を投入する準備に入った。斯くして英国は米国を戦争に巻き込むことに成功した。

一九一七年四月十四日、メキシコ大統領カランサは、ツィンメルマンの提案を断った。

八月、北京政府も対独宣戦布告を行い、苦力を欧州に送り始めた。

米国参戦が決まるとシオニストは英国に行き、約束の履行を迫った。この戦いが何年続くか分からず、約束が反故にされる恐れもあったからだ。

十一月二日、ユダヤ人に米国社会を動かす力があることを認識した英国は、ユダヤ人がパレスチナの地で自治政府をつくることを英国政府が承認し、その目的達成のために最大限の努力を払うとした「バルフォア宣言」を発表した。

その書簡をロスチャイルド卿に送り、この宣言をシオニスト連盟に伝えるよう依頼した。対独戦のさなか、なぜ英国外相バルフォアがこんな宣言が出したのか、誰も分からなかった。

その背景を知ってか知らぬか、珍田捨己駐英大使はバルフォア宣言後、「日本政府はユダヤ人が自分の国家をパレスチナに建設しようとするシオニストの願望を支持し、その要求が実現することを望む」という書簡を発表した。

一九二〇年、内田外相は、「ユダヤ民族の二千年近くにわたる強い願望が達成されることを願う」と述べ、その後も田中義一首相、幣原喜寿朗外相が同様の発言を行った。人種平等を国是とする日本は、昔からユダヤ国家建設を支持しており、反対する理由はなかった。

ドイツ降伏の序曲・ウイルソンの平和原則

ウイルソンはある意味、理想主義者だった。彼は参戦前から英仏やドイツに戦争目的を尋ねていた。「戦争目的は何であるのか」と。だが各国は何年も前から戦争準備を行い、様々な条約と秘密協定が各国を結びつけており、耳を貸す国はなかった。

一九一八年一月八日、ウイルソンは連邦議会で次なる「十四カ条の平和原則」を公表した。これは戦争終了後、適用されるべき基本原則であり、敵国ドイツに停戦を呼びかけるものだった。


一．如何なる種類の秘密の国際合意もあってはならない。

二．領海外の海洋上の航行の絶対自由。

三．経済障壁の可能な限りの除去と貿易条件の平等性の確立。

四．国家の軍備を国内の安全を保証する最低限まで縮小する。

五．植民地の諸民族自決の権利は宗主国と同等の重みを持たさねばならない。

六．全てのロシア領土からの外国軍隊の撤退と共産ロシアを国際社会が受け入れる。

七．ベルギーの領土保全と独立・復興支援。

八．フランスの領土保全とアルザス・ロレーヌ地方のドイツからの返還。

九．イタリア国境の再調整は民族の境界線に沿って行う。

十．オーストリア・ハンガリー統治下の諸民族の自治の保証。

十一．ルーマニア、バルカン諸国の回復と領土保全、セルビア海の自由航行の保証。

十二．オスマントルコ領土下の諸民族の自決と領土保全・ダーダネルス海峡の自由航行。

十三．ポーランドの独立と領土保全。

十四．大国も小国も等しく政治的独立と領土保全の相互保証を与える盟約の元に連携が結成されなければならない。

これはソ連の領土を保証する反面、植民地独立については玉虫色の言いようであった。またオーストリア、トルコ、バルカンの解体を意味していた。

ドイツの外交的失敗は、英仏がこの原則を承認していないにも関わらず、一見寛容な「和平十四カ条」を信じ、次第に戦意を失い、戦争終結に同意したことにあった。

遂に崩壊したドイツ帝国

一九一八年三月、ドイツとソ連は「ブレスト・リトフスク条約」を結び、独ソ戦はドイツの勝利で幕を閉じた。その後、ドイツは西部戦線に全力を注いだ。

米軍が到着すればドイツに勝ち目はないと踏んだ参謀次長ルーデンドルフは、四一個師団、二五〇万もの兵力を投入し、英軍を大陸から追い出す作戦に出た。

三月二一日、毒ガス砲を含む六千門の火砲が一斉に英軍師団に向けて放たれ、十六万人もの損害を与えた。英軍は兵員不足に陥り壊滅寸前となった。

五月末、ドイツ軍はパリに九〇㎞まで進撃したが、六月に到着した米軍は圧倒的な火力で反撃し、ドイツ軍の作戦は頓挫した。

戦争を変えたタンクの登場

その後、米軍を加えた連合軍の攻勢はすさまじく、八月になると英仏軍は戦車を前面に押し出し、反攻に転じた。千門の大砲の一斉射撃から始まり，四百両を超える戦車がドイツ軍に向かって突撃を開始した。この作戦には航空機の援護も加わりドイツ軍六個師団が崩壊、バルカンでも敗北したドイツ軍は、九月になると自軍の戦線も支えられなくなっていた。

程なくブルガリアは降伏し、ここに至り、徹底抗戦を叫んでいたドイツにもウイルソンの平和原則を受け入れようとする意見が出てきた。

十月、和平派のバーデンが首相となり、ウイルソンと電報を交換すると彼は「軍国主義と専制主義の除去」を要求した。やがてオーストリアが戦線から離脱し、ドイツの敗北は明らかとなった。

ドイツが最後の艦隊決戦に出撃しようとした時、キール軍港のドイツ水兵は出撃を拒否し、各所で反乱が起き、ウイルヘルム二世がオランダに亡命することでドイツ帝国は崩壊した。

一九一八年十一月十一日、パリ郊外で連合国とドイツの休戦協定が結ばれ、四年半に及ぶ欧州大戦はようやく終結した。

第十二章

ロシア革命とシベリア出兵

なぜ共産主義は誕生したか

驚くことに共産主義者の旧称は〝正義者〟だった。というのも、これは社会正義を求めた人々が考えついた一つの社会システムだったからだ。それ故、共産主義は人々を惹きつけるフェロモンを放ち、これを吸引した多くの者が酔い痴れ、狂った。

一八四八年二月、ユダヤ人、カール・マルクスは秘密結社・共産主義者同盟（前身は「正義者同盟」）から綱領作成を依頼され、出来あがったのが次ぎのような『共産党宣言』（要約）だった。

「これまで存在したあらゆる社会の歴史はブルジョア（資産階級）とプロレタリアート（小作農民と労働者）との階級闘争の歴史である。考察するに、ブルジョワジーの没落とプロレタリアートの勝利は避けられない。即ち、プロレタリアートはあらゆる生産手段をブルジョワジーから奪い取り、支配階級となったプロレタリアートの手に集中させ、以下のような政策を実行に移し、生産を増大させる。

一　私的土地所有の廃止（地代という不労所得の廃止）

二　重度の累進課税（富める者の所得を貧しい者に分け与え所得の均等化）

三　相続権の全面廃止（蓄積した富はその子孫に与えず、全て国家の所有とする）

四　全ての外国人からの財産没収（外国人が富を所有することを禁止する）
五　全ての銀行、輸送手段、工場の国有化（個人が付加価値を所有することを禁止する）
六　民全体に平等な労働を義務として課す（不労所得者の存在を許さない）
七　農村部への人口分散による都市と農村の平等化（搾取の源泉、都市と農村の差を認めない）
八　公立学校での全児童への教育の無料化（全ての子供の教育機会を平等化する）
九　児童の工場労働の廃止（子供の過酷な労働を禁止する）

このような社会が実現すれば階級は消滅し、階級対立はなくなり、それに代わって個人の自由な発展が、全員の自由な発展となるコミュニティを持つことになる。人々の間の国民的差異や対立はプロレタリアート支配により消えていく。労働者に祖国はない。

搾取が無くなることで国家間の搾取も終わりを告げ、国家間の対立も終わりを迎える。共産主義革命が全世界で起き、世界中が共産国家になれば戦争が終わり、世界中の人々にとって平等で豊かな暮らしが実現される。

共産主義者はこの目的達成のため、暴力的に今の帝国主義社会、資本主義社会を打倒することを宣言する。支配者はこの動きに恐れおののけば良い。諸国民の労働者よ、団結せよ！」

共産主義は誕生した時から暴力革命を意図しており、彼らはロンドンで発表されたこの宣言を英語、仏語、独語、ロシア語などで世界中に拡散させた。それを、議会制民主主義を通して実現するのが社会主義であり、手法は異なっても目的に差異はなかった。

ニコライ二世の退位と二月革命

当時、ロシア、ドイツ、オーストリアなどは専制君主を戴いていた。帝国主義国家間の戦争も起きており、特にロシアでは、このままでは平和も平等も自由も豊かさも手にすることは出来ない、という絶望が社会を覆っていた。そこに「共産党宣言」が流れ込み、輝ける政治目標であるかのように誤認された。彼らは、王侯貴族やブルジョア階級を葬り去り、富を奪い分配し、プロレタリアートが社会を支配すれば平和で平等な社会が実現されると信じた。

この思想が人々の心をつかんでいったが、共産主義者が支配した国々、例えば、ソ連、中華人民共和国（以後　中共）、北朝鮮で自由、平和、繁栄、平等が実現されたことはなかった。だがこの時代、社会正義は共産国家で実現されると夢想し、この運動はロシアで活発になった。

一八六一年、ロシアでは農民の不満を解消するため、「農奴解放宣言」が出されたが生活は改善されず、社会に不満が渦巻いていた。そして産業革命以後、過酷な条件で働かされる労働者が増加することで、共産主義は労働者階級にも浸透していった。

八一年、アレクサンドラ二世はテロで殺され、三世が後継となり、九四年、日清戦争が起きた年に最後の皇帝ニコライ二世が即位した。だが彼は政治改革を認めず、社会の不満は募っていった。

九八年、ロシア社会民主労働党が結成され、騒擾《そうじょう》の質に変化が起こった。そして日露戦争の頃からロシア社会に堆積した不満は暴力行為となって顕在化していく。


第一次世界大戦が始まると、ニコライ二世は対独戦に総力を傾けた。だが戦は長期化し、苦難に陥ったロシア民衆の不満は皇帝一族や政府高官など、戦争指導者に向かった。

ニコライ二世は前線に出向き、戦争遂行に精力を傾注した。皇帝不在の間、皇后アレクサンドラは内政をグレゴリー・ラスプーチンに任せた。皇后の信任を得た彼は、宮廷人事にも介入したため、反感を招き、暗殺されてしまった。国内の混乱に拍車がかかったことは言うまでもない。

一九一七年三月、首都ペトログラード（サンクトペテルブルグ）で大規模なデモが発生した。政府が軍隊を派遣すると、何と兵士が反乱に加わり、モスクワなどでの反乱を誘発した。

混乱を押さえきれなくなったニコライ二世は退位に追い込まれた。ロマノフ朝の崩壊である。代わってケレンスキーが暫定政府を率いることになった。

英仏はケレンスキーに戦争継続を要望した。それを受けてケレンスキー政府は七月一日、総司令官ブルシーロフの下、オーストリア軍への攻撃を開始すると、オーストリア軍は支えきれず、三〇㎞も後退したが戦線が一段落するとロシア軍は自壊していった。兵士は戦争を忌避し、戦線から離脱していったからだ。

この機に乗じ、ドイツ東部方面軍が攻勢に転じてロシア軍を撃破すると、敗北を知った民心はケレンスキー政府から離れ、十一月にはレーニン率いるボルシェヴィキ（ソ連共産党の源流）に打倒されてしまう。

レーニンはユダヤ人でないとされるが、祖母はユダヤ人であり、妻もユダヤ人だった。また腹心ジノビエフもユダヤ人だった。その為かレーニンは、「反ユダヤ運動撲滅に関する告示」を公布している。では如何にしてレーニンは歴史の表舞台に登場したのだろう。

だからドイツはレーニンを帰国させた

一九〇〇年、レーニンは共産主義運動家としてロシア政府に逮捕投獄され、刑期満了後はスイスに亡命していた。彼は第一次世界大戦を帝国主義戦争と規定し、戦争が勃発すると「ロシア帝国の敗北」を主張して活動した。では、レーニンは売国奴なのかというと、そうではない。共産主義者や社会主義者は、革命成就前には自国の騒乱と弱体化に努め、戦時には自国の敗北を目指して活動するのが常なのだ。

だから日本共産党などはコミンテルンの指示に従い、平時に於いては国家の分裂と弱体化に努め、日本がソ連や中共から侵略を受けた場合、容易に敗北するよう、日米安全保障条約の廃棄、自衛隊の廃止、非武装中立を主張してきた。狂っているが一貫性はある。

第十二章　ロシア革命とシベリア出兵

十月革命・ペトログラードで演説するレーニン

レーニンが「ロシアの敗北」を主張していることを知ったドイツのツィンメルマン外相は、スイスにいた彼を列車で首都ペテログラードまで護送し、放った。するとレーニンはケレンスキー政権の打倒を目指して活動を開始した。そしてケレンスキーがドイツに敗北した直後の十一月、レーニンは革命に成功し、権力を手中に収めたが、その政治目標は次のようなものだった。

一　平和に関する布告、第一次世界大戦での無併合、無賠償、民族自決。

二　土地に関する布告、地主からの土地の没収、国家の所有。

だが事態はそのようには進まなかった。

一九一七年十二月、ドイツと講和交渉が行われ、ドイツは広大な領土の割譲と多額の戦時賠償を要求した。レーニンは受け入れを主張したが反対者も多く、交渉は決裂した。当然の如くドイツは戦いを再開し、再敗北したソ連は更に多くの領土を失うことになる。

翌年三月、ドイツとソ連は「ブレスト・リトフスク条約」を結び、エストニア、ベラルーシ、ウクライナ全土を失ったが、それは全農業生産の三三％、工業生産の七五％の喪失であった。

独ソ戦はドイツの勝利で幕を閉じ、ロシアに平和が訪れたが遂に平穏な生活は訪れなかった。直後から凄惨な内戦が始まったからである。

コミンテルンの創設と世界共産革命

講和が成るとレーニンは政敵撲滅に着手した。血は血を呼び、ロシア全土で殺しあいが始まった。レーニンも狙撃され、一命を取り止めた彼は報復として反抗勢力の虐殺をエスカレートさせた。手始めに、テロと無関係の旧貴族や前政権関係者五一二人を処刑し、七月十八日にはニコライ二世とその家族を皆殺しにした。

レーニンは、「反動聖職者とブルジョワの銃殺は多ければ多い方が良い」と考え、教会を破壊し、地主などを殺し続けたが、その実態を外から知ることは出来なかった。その上で、世界中で共産革命を起こすべく触手を伸ばしていった。

一九一九年三月、レーニンはコミンテルン（cominterun ＝ communist international）を創設し、行動を開始した。コミンテルンの謀略を知らずして、その後の世界史を理解することは出来ない。

共産党支配を具現化した最初の国がソ連だった。ではこの国で社会正義が実現したのかと問えば、そこは帝政ロシア以上の地獄となった。鉄のカーテンの中で何が行われているかは厳重に秘匿され、外国人が知りうるのは巧妙な政治宣伝、カーテンの外で演じられる〝お芝居〟に過ぎなかった。そして中途半端なインテリは、お芝居を現実と勘違いした。

例えば、米国人女性でコミンテルンの手先となり、生涯をシナでの共産政権樹立に捧げたアグネス・スメドレーの遺書に次なる一説がある。

「私はただ一つの信念、ただ一つの忠節のために生きてきました。それは貧しく虐げられた者の解放でした。その内の一つとして中国革命が成就したのだと思います」（太田尚樹『赤い諜報員』講談社479）

では彼女の信念が実現した後、シナで何が起きたか。彼女は何度も毛沢東の支配地域を訪れたのに、そこで見聞きしたものは恐怖に支配された人々が演じる〝お芝居〟だった。そのことを死ぬまで見抜けなかった彼女は、ある意味、幸だった。

一九九七年、フランスで『共産主義黒書』が出版された。そこで共産革命の起きた国々の悲劇が明らかにされた。正義を口に、理想に燃えた共産主義者が、戦争以外で虐殺した人数は分かっただけで次の通りである。

ソ連、レーニンやスターリンに殺害された人々　二〇〇〇万人
中共、主に毛沢東に殺害された人々　六五〇〇万人
北朝鮮、金日成や金正日の指令で殺害された人々　二〇〇万人
カンボジア、毛沢東主義のポルポトにより殺害された人々　二〇〇万人

それ以外に、ベトナム・一〇〇万人、東欧・一〇〇万人、ラテンアメリカ・一五万人、アフガニスタン・一五〇万人。

今でも中共に支配された民族は、ナチによるユダヤ人虐殺以上の悲劇に見舞われている。中国人は満洲民族を絶滅させたが、次にチベット、ウイグル、南モンゴルなどの諸民族絶滅を推し進めている。

中共や北朝鮮では、「共産党宣言」とは裏腹に、貧富の差が極大化しており、人々は暴力装置により支配され、政治・報道・信教・思想・表現・移住の自由が認められることはない。

なぜ米国は日本のシベリア出兵に反対したか

ドイツとの単独講和の後、ロシア国内は赤軍（レーニン派）と白軍（ケレンスキー・旧帝政派）に分かれた内戦が続いた。英仏は、ロシア領内にある連合軍の軍需品がドイツの手に落ちるのを防ぐため、バレンツ海に面したムルマンスクと極東のウラジオに白軍を支援する遠征軍を送る計画をたてた。

「ヨーロッパ・ロシアに於ける米国の目的は、在露の連合国軍需品を保護し、且つ対独戦争を継続しようとするロシア軍の一派を援助するにあったが、極東に於ける目的は、徹頭徹尾日本の北満及びシベリアへの進出に抵抗するためであった」(『米国極東政策史』235)

ロシア内戦は北部満洲に及び、赤軍がこの地を占領しそうになったとき、白軍派の駐支ロシア公使は北京政府に白軍の援助を求めた。そして連合国の公使団も同様な態度をとった。

一九一七年十二月一日、フランスのクレマンソー首相はハウス大佐(ウイルソン大統領の代理人)に、日本軍のシベリア派遣への同意を求めた。英国も日本の同意を得た上で、日本のシベリア出兵を米国に通告した。対するハウス大佐の回答は英仏に衝撃を与えた。

「如何なる形式による日本の干渉(出兵)に反対する」
「もしこのような行動を起こすなら、ソ連をドイツ陣営に身方をさせるであろう」

中国軍は白軍に味方して北満での戦いに参戦したが翌年には撤退したため、白軍は日本軍を主力とする英仏軍と共に戦うことになった。ここに到り、赤軍とドイツ軍が手を結び、満洲の白軍を攻撃する危険が迫ってきた。

一九一八年五月、日支は「日支軍事条約」を締結し、極東の平和と静謐を維持するために共同動作をとることを約した。その一ヶ月後、白軍は決定的敗北を喫し、シベリアから北満に退却して来ると、日支はこの条約を発動して北部満洲に軍を進めた。これを見た米国は次なる対日勧告を行った。

「米国政府は、日本が満洲の軍事占領を行うことは、共産ロシアに甚大な刺激を与え、且つ共産ロシアの連合国への復帰と、ロシア人民の対独戦再参加とを妨害する恐れありとする意見に同意すると信ずる」(238)

だが英仏の支持を受け、日本軍は全満州に軍を進めた。更に英仏は白軍支援の為、シベリア出兵計画を米国に連絡し、六ヶ月に亘って同意を求めた。にも拘わらず、ウイルソンは、日本がシベリアや沿海州を永久占領することを懸念し、国際遠征軍をウラジオに送ることに反対し続けた。

なぜ米国はシベリア出兵に同意したか

だが対ソ講和後のドイツ軍の攻撃は凄まじく、戦況はウイルソンの決意を鈍らせ始めた。

「一九一八年春のフランス軍の状態は甚だしく危険に曝されたので、西部戦線に於ける恐るべきドイツ軍の圧力を減ぜしむるため、東部戦線を再建すべしとの議論が、フランスでは熱心に唱え出されたし、極東及びロシアに於ける米国領事及び外交官を含めた各方面からは、〈逃亡したドイツ軍捕虜が赤軍と合流して白軍の連合軍参加を阻止している〉との警報がワシントンにもたらされた。

ロシア敗北により、解放された捕虜及びオーストリア軍から逃亡した凡そ五万のチェコ・スロバキア軍は、連合軍に加わって西部戦線で戦うために、シベリアを横断してウラジオに向かいつつあった。

六月になると、チェコの前進は、ドイツ軍及び赤軍のため阻まれていると報ぜられた。チェコ軍救助の要望が、今や、干渉の議論に付加されたのである」（『米国極東政策史』240）

ロシア国内にはチェコからの移民が住んでいた。ロシアは反オーストリアのチェコ人を組織して東部戦線に送り込んでいたが、東部戦線がドイツ勝利のうちに消滅すると、チェコ軍は赤軍に反旗を翻し、白軍と合力して赤軍と戦うようになった。またチェコ軍は海路欧州に渡り西部戦線で戦うため、シベリア鉄道でウラジオに向かっていたため、「チェコ軍救出」はシベリア出兵の口実になった。

同年七月七日、ウイルソンは遂にシベリア出兵に同意した。

その目的は、チェコ軍を援助し、ロシアの自治を助け、内政に干渉せず、連合軍の軍需品を保護する、とした。白軍を支持していた連合国はこの方針に同意した。日本も「ロシアの領土保全を尊重し、内政に干渉せず」を再確認した。

八月三日、英国分遣隊がウラジオに上陸し、一週間後、フランス人を司令官とするベトナム人の一大隊が、次に米軍の二連隊がフィリピンから派遣された。十二日、日本軍の第十二師団がウラジオ上陸を開始した。九月一日、サンフランシスコからの分遣隊を加へた米軍は九〇一四名に達した。

ではシベリアに出兵した各軍は何をしたのか。

フランスは東部戦線を構築しようとしたが、それが不可能なことを知ると、関心は日露戦争の時に投資したシベリア鉄道の保護に集中した。

英国は共産主義がインドに及ぶのを警戒し、金と武器と陰謀で赤軍と戦った。

日本軍は白軍を援助し、赤軍との戦いを支えた。当時、白軍の指揮者は四名おり、シベリア各地を割拠していたが、没落貴族のコルチャックは一九二〇年一月までシベリアの大部分を維持していた。

米軍は〝中立〟を主張し、英軍と意見は合わなかった。例えば、英軍は占領したシベリア鉄道を赤軍に使わせない方針だったが、米軍は赤軍にも白軍にも使わせようとした。米国の目的は日本軍の行動を抑え込むことだった。

日本はチェコ軍救出以外に大切な目的を持っていた。ロシア革命に伴う内戦・混乱に乗じ、東シベリアに親日政権を樹立させることだった。寺内首相はこのことを参謀本部第二部長中島正武少将に命じたが、彼等は一枚上手だった。赤軍は日本を欺くため、東シベリアに仮装親日国家、「極東共和国」を成立させた。ここで赤軍と日本軍の戦闘が始まると更なる派兵を招き、勝利は見込めないと判断したからだ。そして日本軍が撤兵すると、「極東共和国」は雲散霧消しソ連に編入されてしまった。

尼港事件と「日ソ基本条約」という日本の失敗

一九一八年十一月、ドイツは降伏し、二〇年になるとソ連軍の攻撃からチェコ軍を救出する作戦も成功裏に終了し、各国はシベリアから撤兵していった。

二〇年四月一日に最後の米国分遣隊はウラジオを去ったが、ウイルソンは確固たる目的を持っており、パリ和平会議で日本によるソ連領土取得が不可能となることを確認したうえで撤兵させたのだ。日本は速やかに撤兵する方針を明らかにしたが、思わぬ事件が起きた。

黒竜江がオホーツク海に注ぐ河口にニコライエフスク（尼港）という一万二千人が住む町があった。冬、氷雪に閉じ込められたこの町を守っていたのは、わずかな白軍と日本軍守備隊のみとなった。

二〇年冬、防備が手薄になったこの町をロシア人、中国人、朝鮮人からなる四千人の共産パ

廃墟と化した尼港

ルチザンが包囲した。目的は白軍の掃討、町の掠奪、女性の強姦と虐殺だった。彼らは先ず、町の無線有線施設を全て破壊し、外部への連絡を遮断した。その上で襲撃を開始し、五月下旬、日本軍が救援に到着するまでに六〇〇〇人あまりの老若男女を虐殺した。

その中には内戦とは無関係な、石田領事一家を含む日本人住民三八四名と軍人三五一名が含まれていた。この町にいた日本人は、女性から乳幼児に到るまで全員が殺され、生き残ったのは中国人の妻妾となった数人の女性のみだった。

共産主義者は日本人女子一八四名を陵辱した上で虐殺したが、共産主義者が権力を握ると、必ずこのようなことが起こる。（ロシア人、中国人、朝鮮人が何をしたかは『大東亜戦争への道』に詳しい）。

掠奪、虐殺・陵辱を終えた共産主義者は町に火を放ち、次いで尼港の対岸の町も襲撃、占領した。

この暴挙に国際世論は勿論、日本世論も激昂した。その後押しを受け、日本軍は北樺太に攻め込み、パルチザンを追い払い、一帯を占領した上で行政の根拠地を設けた。わが国では対ソ強硬論が高まり、シベリア撤兵も大幅に遅れ、二二年十一月まで沿海州に留まった。そして、赤軍から受けた損害賠償として北樺太を保障占領した。

だが、一九二五年一月の「日ソ基本条約」の締結により、五月までに撤兵することとした。日本は北樺太の石油権益の半分を手に入れることで、わずかに面目を保ったが、この取り引きは日本側の敗北であった（岩瀬昇『日本軍はなぜ満州大油田を発見できなかったのか』文春新書）。

シベリア出兵は日本の北満洲での特権と勢力拡張に寄与したが、北樺太の獲得に至らなかったのは大失策だった。それはソ連の法に従った上での石油採掘であり、ソ連からの様々な妨害活動を排除出来なかったからだ。

こうして「日本にソ連領土を渡さない」というウイルソンの政策は達成された。この時代、米国は共産革命の本質を理解しておらず、ロシア帝政を倒したソ連に対し、必ずしも悪印象を持っていなかった。実り少なく、批判の多いシベリア出兵だったが美談も紹介しておこう。

日本軍によるポーランド孤児の救出

かつてポーランドは大国だった。だがその後、戦に敗れることで第一次世界大戦時にはロシア、オーストリア、ドイツによって分割され、国家は消滅していた。

だがドイツ敗北後、ウイルソンの平和原則に則り、ポーランドは独立を宣言した。西部国境はベルサイユ条約で確定したが、東部で国境を接するソ連は旧領を返還しなかった。そこで翌年から二年間に亘る国境画定戦争が繰り広げられた。ポーランドの孤児救出はこの間の出来事である。

ソ連はポーランドを消滅させるため、百万ともいわれる人々をシベリアや中央アジアに強制移住させていた。国家を解体するロシア人の常套手段である。

ドイツが敗れると、ロシア国内のポーランド人は内乱に乗じて祖国に戻っていったが、十五から二十万人のポーランド人がロシア国内に取り残された。その後、国境画定戦争が勃発し、ポーランド人はロシア人の憎悪の対象となった。長引く混乱により、親と死に分かれた多くの子供たちは身寄りもなく、危険な状態に陥った。

一九一九年十月、ウラジオで「ポーランド児童救済会」が組織されたが、米軍と赤十字は人道などそっちのけで二〇年には引き上げてしまった。万策尽きた救済会は日本政府に援助を求めた。

わが国は子供たちの窮状に深く同情し、日本赤十字に救済を指示した。日本赤十字は直ちに受け入れ体制を整え、シベリアの日本軍の協力を得て児童救出に当たった。パルチザンが暗躍する地では、軍事力がなくては赤十字の活動もままならないからだ。

二〇年七月、日本軍により救出された孤児達を乗せた輸送船がウラジオから敦賀港に入港した。その後も救出は続き、五回にわたり三七五名の子供たちが救われ、東京の福田会育児所に収容された。

二二年、日本軍は更に孤児三八八名と付添三九名、計四二七名を救出した。彼らも敦賀港に上陸し、大阪の看護婦寄宿舎に収容され、やがて彼らは横浜と神戸から日本の船でポーランドへと帰っていった。だが話はこれでは終わらない。

十五歳の時、大阪に収容されたイエジ・ストシャウコフスキ氏は、帰国後に「極東青年会」を組織し、第二次世界大戦では祖国のためにドイツと戦った。

戦後、彼は日赤大阪支部を訪れた。そして、「六四年前、私たち孤児が日本の皆さんや日本赤十字社から受けた恩義に全孤児を代表してお礼を言うために来ました」と涙を流し、感謝の気持ちを伝えた。今もポーランドが親日なのはこのような事情もあったからだ。

第十三章

ドイツ帝国の崩壊とパリ和平会議

玉虫色の「石井・ランシング協定」

戦争の間、英仏などはシナ権益を守るのが精一杯だった。中国に同情的な米国は、英仏の支持を得て日本に対抗するようになった。そこで日本は、「支那での日本の権益について、米国の基本的態度を明確にするよう」要求した。

米国の原則は、「シナの領土保全と門戸開放」だったが、既に日本は膠州湾を占領し、日支条約を結び、英仏露との秘密協定により権益を確定させていた。

「ランシングが支那に於ける日本の特殊権益を認めない限り、協定成立の見通しは立たなかった。ジレンマに陥った交渉を成立させる道は、外交的曖昧さを用いるより他はなかった。（中略）

米国政府は〈領土的接壌地は両国の間に特殊関係を成立させる。従って米国政府は、支那、特に日本の領土が接続している地帯に、日本が特殊権益を持つことを承認する。〉ことを承認し、同時に日本は、〈支那の門戸開放と領土的保全と独立を尊重する〉長文の声明を行った」

（『米国極東政策史』225）

こうして、ドイツと戦う両国は、一九一七年十一月二日、「石井・ランシング協定」に調印した。

「石井・ランシング協定は、（中略）曖昧な言葉を使用しているので、各自の目的に適するよう解釈できるのである。日本は、米国が日本の永久的な山東、満洲及び蒙古に於ける政治的、経済的勢力を承認したとするし、一方米国は、日本が支那の門戸開放、領土保全及び独立を細心に自発的に誓言したと解した」(226)

その後米国は、英国、フランス、ロシアのシナ権益には目を瞑り、日本の権益に対してのみ、門戸開放と領土保全を強く迫ってきた。これらがパリ会議での両国確執の主因となった。

ウイルソンの対日政策と日米の確執

米国は満洲における日本の「特殊権益」には反対しなかったが、山東半島を日本の権益下におくことは絶対反対だった。英国も日本を競争相手と見なすようになり、万里の長城以南への伸張を強く警戒した。戦後、対日敵対行動の主役となった米国は、次なる四原則で対日攻勢をかけてきた。

「（一）新四ヵ国借款団を組織し、日本の単独対支那投資を行わせないようにする。

（二）連合国をシベリアに共同出兵させ、沿海州諸州をロシアより分離させようとする日本の意図を妨害する。
（三）山東省を支那へ返却することを主張する。
（四）米国極東政策の諸原則に、非侵略と集団保証とのウイルソン原則を結びつけた条約を締結し、太平洋及び極東地帯に適用する」（『米国極東政策史』231）

（一）に対し、わが国は満洲と蒙古を適応範囲から除外するよう主張した。何故なら、この地域に於ける日本の経済的独占は、英、仏、露、及び中国と締結した条約により保証されたものであり、一九一八年には北方政権・段政府に単独借款を与え、強化されていたからだ。

また英仏との間で、「日本の死活的権益に有害な行動はとらない」との妥協が成立しており、わが国は米国の要求があっても満蒙権益を手放すつもりはなかった。

シナ本土に加え満蒙も新四ヵ国借款団に任せる、という英米の方針に対して、日本は、「ではチベットを共同借款の対象とするのか」と英国に問うた処、英国は回答できなかった。

こうして、南満洲鉄道地帯と特殊鉄道計画、南満洲及び蒙古に於ける鉱山及び産業は日本の単独借款とする、との同意を得ることが出来た。

満蒙権益を守った上で中国への借款団に参加することになった日本は、外交的勝利を得たが、米国との溝は深まる一方だった。

ウッドロー・ウィルソンの肖像画

ドイツに過酷だったベルサイユ条約

一九一九年一月十八日、戦勝二八ヵ国がパリに集まり講和会議が開かれた。当初、敗戦国とソ連は招聘されず、日本は英米仏伊と共に五大国の一員として参加した。

この会議は五大国が取り仕切ったが、イタリアは自国の領土問題で一時脱落、日本はアジア以外の事柄には発言を控えたため、主要事項は英米仏で決められた。ウイルソンは「十四カ条の平和原則」を主張したが英仏は拒絶、ドイツに対して過酷な条件が付きつけられた。

一　ドイツは全ての植民地を放棄
二　ドイツは本国の領土の一部を戦勝国に割譲（十三％の領土と十％の人口）
三　アルザス・ロレーヌ地方をフランスに返還（天然資源地の喪失）
四　ドイツの軍備と兵力を厳しく制限
五　賠償金として一三二〇億マルクを連合国に支払う

日露戦争では日本の賠償金放棄を絶賛した欧米諸国は、自分たちが勝利すると天文学的賠償金をドイツに求めた。米国から巨額な借款を受けていた英仏は、賠償金がなければ返還不可能だったことも一因だった。

四月十八日、全てが決まった後、ドイツに「代表団を派遣するよう」通告された。この条約案を見たドイツでは激しい反発が起きた。五月にシャイデマン首相が「受け入れ拒否」を表明すると、連合国は「拒否するならベルリンを目標に戦争を再開する」と脅した。

六月二八日、ウイルソンの平和原則を信じて休戦協定に応じたドイツは、止むなく調印に応じたが、「戦争責任の全てはドイツとその同盟国にある」と断定した「戦争責任条項」（二三一条）まで認めさせられ、ドイツは消えることのない憤懣を抱いた。

シナを巡る「日英仏」対「米支」の激突

ウイルソンは英仏が貪るのを傍観していた。それでもウイルソンの影響力は絶大だったのは、米国は条約上の義務もないのに二一〇万人もの兵力を投入し、十一万六千七百八人もの犠牲を払って勝利に導いたからだ。

対する日本はわずかに海軍を派遣したに過ぎず、東洋での戦いを加えても戦死者は四一五人に過ぎなかった。戦いの趨勢に影響を与えた訳でもなく、雌雄を決する陸戦で血を流すこともなかった。この戦争は彼らが始めたものであり、日本は巻き込まれたに過ぎなかったが、おいしい処だけを獲得した要領の良い国と見做された。

日本と米国はシナを巡って激論を交わした。米国は日本に、「山東権益をシナへ返せ」と主張、日本は根拠が無いと反論、英、仏、伊は日本を支持した。

「日本は日清戦争後、三国干渉によって遼東半島を還付させられた事実を覚えており、且つ日本人は、その正否は別として、ポーツマス講和会議に際して米国の行った仲裁に忿怒を感じていた。

日本は汚辱の歴史を繰り返す意思は毫も無かった。日本代表は訓令を堅持し断じて動揺しなかった。しかもパリにおいては、連合国と日本との間には何等基本的な衝突は無く、英仏両国は東京との取引で満足していた」（『米国極東政策史』248）

英仏伊は、旧ドイツ植民地の処分やトルコ帝国の分割など、彼らが描く分け前を五大国の一員である日本に認めて貰うため、日本がシナで得たものに口を差し挟まなかった。この戦いで一滴の血も流さなかった中国には発言権は無かったはずだが、この会議は日英仏と米中に二分された。

この頃、シナの南部諸省は北京に対し公然と反旗を翻し、米国との接触を始めていた。

「支那側が最初に米国代表に接近して援助を求めたのは、未だ会議の開催されていない一八年十二月であった。翌年一月二二日に彼らはその計画を米国代表に示し、詳細な点まで協議し合った」（250）

一九一九年二月、上海に両派が集まり、パリへの派遣メンバーを決定する会議が開かれた。中国代表がパリに着くやいなや、米代表は彼らと自由に懇談し、彼らを援助し、「日中で締結した条約を無視することを認め、日本の主張には総べて反対せよ」と激励した。

ウイルソンは例外を設け、中国代表を十ヵ国会議に出席させ、何と日本と同じ資格で答弁する機会を与えた。その上で膠州湾及び独領群島を国際管理下に置こうとしたが、わが国は地中海に艦船を派遣する際、英仏などの支持を得ており、米国の主張は退けられた。

こうして日本は、山東省の旧ドイツ権益の継承し、赤道以北の旧ドイツ領諸島の信託統治を任されることになった。だが実現しない提案もあった。それが「人種差別撤廃案」である。

斯くして「人種平等案」は葬り去られた

次にウイルソンが直面したのは、日本が要求した「人種平等の原則」に国際的承認を与えるか否か、だった。欧米では人種差別が当り前だったが、日露戦争に勝利した故、日本人は白人と同等に扱われる唯一の有色人種となっていた。

一九一九年二月十三日、パリ講和会議の席上、日本は国際連盟の規約に次なる「人種差別撤廃」案を提出した。これは今も私たちが誇って良いことだ。

「各国の平等は、国際連盟の基本原則であり、盟約国は直ちに法により、或いは行動により、人種や国民性の如何に拘わらず差別を設けず、如何なる点に関しても平等にして正当なる扱いをなすことに同意する」（『米国極東政策史』253）

日本は米国で行われている人種差別と白人優越原理への反対を表明した。中国代表もこの点だけは日本支持に回った。仏伊も賛成したが英国と豪州は絶対反対だった。

三月十九日、日本が米国の同意を求めると、米国が賛成すれば、山東問題も正常化し米国の要求が通るという見通しを持った国務省極東部長は、パリの米国代表に人種平等案支持を希望した。そして日本の提案が上程された時、全会議場の支持を得たと思われたが、初めは賛成していたウイルソンは土壇場になって英国に合流した。

「四月十一日遂に投票され、十一対六をもって通過した時、議長として出席していたウイルソンは、ハウス大佐と共に棄権し、満場一致でないとの理由により採択を拒否したのである。

この失敗は、日本代表が〈深く根ざしたる国民的信念〉なる言葉で表現した日本の〈痛烈なる遺憾〉を惹起し、新たに日米関係を険悪化し、山東問題に対して非妥協的程度を決せしむるに至った。

然らば、何故大統領は自らその案の作成に助力し、顧問たちもまた同情し、全米国代表により政策的合意として承認されていた人種案を拒否したのであろうか？」（256）

米国はハワイ、フィリピン、グアムを抱えていた。そこで民族自決と人種差別撤廃に基づいて住民の意向を尊重したら、米国統治が拒否されることを恐れたのだ。ウイルソンは〝民族自決〟の理想主義者として有名だが、それは白人だけに適用される概念だった。日本はこの決定に猛反発したが、どうにもならなかった。

米議会はベルサイユ条約を否決

人種平等案が葬り去られた後、日本は会議脱退を賭して山東問題に対する要求を上程した。シナ代表は、満洲から蒙古に至る日支条約は全て無効、と主張したが英仏は日本を支持した。イタリアに続き日本が去ると、会議自体が空中分解する恐れがあったからだ。

一九一九年四月三十日、日本の離脱を恐れたウイルソンは日本の要求を認めた。山東問題について、「支那に全面返還する」なる文言がないのを見た中国代表はウイルソンを非難したが、ベルサイユ条約締約国はシナの意見を受け入れず、日本を支持した。

五月八日、英国外相バルフォアは、その理由を次のように記す。

「支那代表は一九一五年の条約は言うまでもなく、一九一八年の条約も両国が交渉したものであり、この交渉によって支那が多大な財政的利得を得ている点を了解できなかった。更に支那政府は、日本及び連合国の努力によって獲得し、支那人は一人の人命も喪《うしな》わず、自らの力では回復できなかった権利を回復し得たことを十分に認識し得なかった」(『米国極東政策史』262)

山東問題の決定が伝わるや、「忿怒、失望、そして絶望が支那全土を覆っている。排日ボイコットが各地に起こりつつある」(264)と駐支米国公使ラインシュは本国に打電した。そして各国代表がパリを去る頃、排日ボイコットはシナ全土に広がった。

怒った日本の新聞は、「米国は人種差別の選手であり、山東問題を操った犬であり、米国代表は支那代表を煽動し教唆した張本人である」(265)と論じた。

米国内でも猛烈な反対が巻き起こった。ウイルソンは、「日本の政策は山東半島を完全な支那主権下に返還するにある」と弁明したが、議会が国際連盟とベルサイユ条約を拒否する主因となった。

「かくの如き状態の絶対的正義が何であるにせよ、日本の民衆が米国を、支那、シベリア及び太平洋地区に於ける最も有力な敵であると見た点は全く正しい。各方面に亙って両者の対立は益々激烈を極めてきた。移民問題は更に重大さを加え、シベリア派遣軍は対立し、運命的な海軍競争も頭をもたげつつあった。ウイルソンはヤップ島の特殊権益を主張し、国務省は四国借款団を通じて日本の単独借款を牽制しつつあった。何処にも妥協の余地はなかった」(266)

国際連盟加盟国は日本の味方となったが、シナ在住の米国人は米国国務省を困惑させるほどの反日となり、日米関係を険悪にした。

米国は旧ドイツ領ヤップ島を国際管理下に置きたかったが、米国が国際連盟に加わらなかったため、この島は日本の委任統治下に置かれることになった。この時代、日英同盟は機能しており米国の極東政策は失敗に帰した。

不満の残るシナはこの時点では調印せず、同年九月十日に調印して連盟に加入したが、日本対米国・シナの抗争は抜き差しならぬものとなった。

ユダヤ・ドイツ問題の萌芽

もう一つパリ会議で重要事件があった。米国代表はウイルソンの側近で大富豪、バーナード・バルークだった。彼はユダヤ人であり他に一一七人ものユダヤ人が加わった。そして欧州処理を決するこの会議で、彼らはバルフォア宣言を見せて言い出した。

「われわれのパレスチナはどうなるのか?」

これはドイツ人にとって寝耳に水だった。ここで彼らは、戦いの最中に出された奇妙な〝バルフォア宣言〟の意味を覚った。

「パレスチナを得るためにユダヤ人はドイツを売ったのか！」
「ユダヤ人の裏切りにより国土を割譲させられ、天文学的賠償金を負わされたのか！」と。

一体、ドイツ人はユダヤ人に何をしたというのだ。迫害され、ロシアから逃れ来るユダヤ人にとってドイツは安住の地だった。彼らは自由に宗教活動を行い、経済的自由を享受し、良い暮らしをしていた。やがて彼らはドイツの産業と金融を握り、世界最大の商業銀行家も自由に活動をしていた。彼らにとってドイツは実に住みよい場所だった。

大戦の最中、ドイツはユダヤ人を戦場に送らず、彼らは一滴の血も流さなかった。「この戦いで二百万人もの犠牲を払った私たちを横目に、彼らは後方でぬくぬくと儲けていた。そのユダヤ人が我々を売ったのだ」――ドイツ人がそう思ったとて致し方なかった。

ドイツ人は、ユダヤ人に消えることのなき怨みと憤怒を抱いた。これがナチスドイツによるユダヤ人迫害と無関係とはいえない。

やがて憤怒が顕在化し、迫害が始まった。ユダヤ人はドイツから逃げ出そうとしたが、イエスを処刑した民族としてのユダヤ人はキリスト教社会では歓迎されなかった。

『日本人とユダヤ人』を再考する

手元にある角川ソフィア文庫の奥付は「平成四年　八十三版発行」とある。著者は自称ユダヤ人のイザヤ・ベンダサン、訳者は故山本七平氏、爆発的に売れた本である。そこに次なる記述がある。

「朝鮮戦争は、日米の資本家が（儲けるために）たくらんだものである」と平気でいう進歩的文化人がいる。

「ああなんと無神経なひとよ。そして世間知らずのお坊ちゃんよ」。日本人自身もそれを認めているとなったら一体どうなるのだ。その言葉が、あなたの子供をアウシュヴィッツに送らないと誰が保証してくれよう。これに加えて絶対に忘れてはならないことがある。朝鮮人は口を開けば、日本人は朝鮮戦争で今日の繁栄を築いたという。もちろん私は、それだけが原因とは思わないが、朝鮮人にはそう見えるのである。

「我々が三十八度線で死闘して、日本をも守ってやったのに、日本人はその我々の犠牲の上で自分だけぬくぬくと儲けやがった」という考え方である。喩えこれが事実であっても、これは日本の責任ではないし、日本が何か不当なことをしたのでもない。だが全く同じことを、第一次世界大戦後に、ドイツのユダヤ人もいわれたものだ。

「我々が西部戦線で死闘していた間、あいつらは銃後にあって、我々に守られてぬくぬくと儲けやがった」。

ユダヤ人は確かにそういう位置にいた。しかし戦争を起したのはカイゼルとドイツの主脳であってユダヤ人はこれに責任はない。しかし戦争に際して、ユダヤ人だけが何か不当なことをしたように言われ、それが次第に拡大され、ついには、もうけるためユダヤ人が戦争を起したように非難され、それがアウシュヴィッツに続くのである。


この見方は一面的と気付かれたと思う。朝鮮戦争に関する見方はその通りであり、日本は北朝鮮に韓国侵略を依頼したのではない。毛沢東やスターリンに参戦を促したのでもない。彼らは目的を持って戦争を始めたのだ。だが第一次世界大戦におけるユダヤ人の行動は違っていた。

ドイツ在住のユダヤ人が戦争を起こしたのではないことは確かだが、シオニストは英国と取引し、米国の参戦と引き換えにパレスチナの地にユダヤ人国家の建国を約束させた。そして米国の参戦がドイツの敗因となったからだ。

ユダヤ人にとってドイツが栄えようが滅びようが関係ないかもしれないが、その地はドイツ人の祖国なのだ。ユダヤ人が「ドイツの敗北とユダヤ人国家の建国」を取引材料としたことを知ったドイツ人の憤怒を、ベンダサンは理解していなかった。

第十四章

日英同盟廃棄とワシントン体制

隠された「米国の真意」とワシントン会議

パリ和平会議に於いて、米国はシナに於ける日本権益を駆逐しようとしたが、英仏は日本に味方し、山東もヤップ島を巡る問題でも日本の勝利に終わった。

一九二〇年三月十九日、ウイルソンが調印したベルサイユ条約を上院は否決した。更に、国際連盟加盟の賛否を問う「国民投票」も否決し、大統領選でも民主党は敗北、政権は共和党のハーディング（一九二一～二三）に移行した。

他にも大きく変わった点があった。米国は巨額な債権国となり、日本にとってもこの戦いは天佑となった。日露戦争で悪化した国家財政は改善し、産業も重工業へと脱皮したからだ。

英国から見ると、日本は世界第三位の海軍力を持ち、日英同盟の枠を越えて強大化し、東アジアや太平洋で英国の諸権益と対立するようになった。米国も強大な海軍を持つようになり、英国の優越を脅かすようになった。しかし大戦で疲弊した英国は米国との建艦競争に勝利する見込みはなかった。

それでも海軍力の弱体化は黙過出来ず、英国にとって米国との競争を回避し、強大化した日本への対応が急務となった。それ故、開かれたのが一九二一年から二二年にかけてのワシントン会議だった。

「英国は世界大戦に於いて多くの人命を犠牲にした。その回復は長期間を要するに相違ない。然るに、ドイツ領植民地獲得によって増大した帝国主義的権益は、欧州に於ける新興勢力の脅威に曝されるばかりでなく、大戦によって疲弊するよりも却って強化された二大海軍国の計画によっても危険に曝される可能性があった。即ち、その一つは英国の同盟国たる日本であり、他の一つは米国であった」（『米国極東政策史』278）

米国はシベリア出兵、山東問題、ヤップ島問題、シナへの借款団問題などで日本と衝突した。米国内の日本人差別はエスカレートする一方であり、移民問題は日ごとに険悪化し、日米開戦の噂に満ちていた。在支米国人は極度の反日であり、全てが行き詰まり解決の糸口は見当たらなかった。

欧州大戦の結果、大国となった米国は世界最強の海軍力を持ちたいと欲すれば容易に達成できた。ではなぜ米国はそうしなかったのか。表向きは、「軍拡競争が戦争をもたらすから、軍縮の指導者にならねばならない」だったが、それは上辺の話しだった。

米国は日英同盟廃棄へ策を巡らせた

この時点で日英同盟はなお健在だった。仮に米国が日英を凌ぐ海軍力増強計画を明らかにすれば、両国に警戒感を引き起こし、緊密化をもたらすかも知れなかった。米国は、何としても日英同盟を廃棄させたいと考えていたが、それには訳があった。

「日英同盟は、単に日本の帝国主義者に目標と満足を与えたばかりでなく、日本と米国が戦う場合、英国をして日本の味方となるよう義務づけている点が、長期間、ワシントンの気に障っていたのである」（『米国極東政策史』282）

一九一一年に更新された日英同盟では、英米の仲裁条約が承認されたが、米国上院の批准拒否により実質無効となっていた。英米は各種の条約を締結していたが、それとて英米戦争の可能性を排除したものではなかった。更に、この同盟により英国が日本に味方することで、米国の極東政策は常に思い通りにいかなかった。そこで米国はあらゆる手を使い始めた。

二〇年早春、日英同盟の更新情報を入手した国務省は、英国に要望を述べた。

先ず、「日英同盟は支那の領土を保全し、機会均等を保証し、特殊権益に反対すること」。次いで、「英米間で締結された平和促進に関する条約を書き込むこと」、「同盟を更新するなら五年にせよ」などであった。しかし英国は米国を満足させる回答を与えなかった。

二一年六月、ヒューズ国務長官は英国大使から、「七月十三日に満期を迎える日英同盟は更に一年延期されるだろう」との通告を受けた。ヒューズは「日英同盟は極東に於ける困難の唯一の源」と考え、駐米英国大使との会談で次のような見解を述べた。

「仮に、日米が対立し、それに英国が日本の味方をした場合、日本は軍事同盟の適応を行い英国は米国の敵になるかも知れない。そのようなことは誰も望んでいないから、貴国と米国は共同すべきであり、米国には英国がその政策を維持し、実行する点に関し、完全な支持を与える用意がある。これは日本への敵意を示すのではなく、世界平和への貢献になる」。

英国大使が、日、英、米共同の可能性はないか尋ねると、ヒューズは英国の弱点をついた。

「アイルランド共和国承認の決議案は、下院に上程されるであろう。余の観察では決議は通過しないであろうが、論争の的となるであろう。（中略）

然るに、英国の行動が、米国政府の極東政策支持を表明すれば、決議に反対の立場の者に、大いなる援助と満足とを与えるであろう」(289)

十九世紀にアイルランドは英国の侵略を受け、人口が半減する程の過酷な植民地支配を受けていた。だがドイツ敗北直後の十九年一月に独立を宣言し、二一年にかけて英国と独立戦争を戦っていた。

また英国の植民地支配を嫌った多くのアイルランド人が米国に逃れ、一定の地位を占め、米国議会に独立承認を求めていた。その議案が下院に上程されることになっており、仮に日英同盟が継続されれば、独立賛成者が多数となるかも知れない、と揺さぶりをかけた。

日英同盟廃棄に至る内幕

日英同盟の期限が近づくにつれ、英連邦内の政治勢力が米国の援助を求めてきた。その中心が英米の仲介者として活躍したカナダだった。カナダは米国に同調した移民政策を取り、政治的に米国と一体化したかった。常に日米戦の噂があり、日英同盟が課した交戦義務から、カナダは米国と戦うことになるのではないかと懸念し、日英同盟の廃棄を強く求めていた。

一九二一年六月二十日、ロンドンで全英連邦の国策を論ずる会議が開かれ、日英同盟の更新を巡って激論が交わされた。

英国は、「日本はシナ、インド、太平洋での脅威になり得るが、共産主義からの脅威を防ぐ堡塁になる」と主張した。また、日本は更新に熱心であり、敵となり得る者は追放するより仲間にした方が良いと論じた。その結果、全ての国は同盟存続を望んだが、カナダのメイゲン首相は米国と下打ち合わせしており、英米日支の四ヵ国で太平洋に関する会議を開くよう繰り返した。

「カナダ首相が、このように強力な反対を説き伏せることが出来たのは、彼の意見に重みを加える人格の力によったのである。（中略）とにかく彼は孤軍奮闘して英帝国会議出席者を日英同盟廃棄に同意させ、これに代わるに英国、日本、米国及び支那の四ヵ国間で太平洋に関する会議を開催し、一般的了解を深めるということとしたのである」（『米国極東政策史』296）

ロシアは革命で倒れ、ドイツも東洋から退いたこの時代、日英同盟の意義は希薄になったことは確かである。それでも英国は日英同盟の重要性を認識していた。だが、米国の意向を盾に両論が割れた時、英国は米国に従うしかなかった。

何故なら、欧州大戦で苦戦に陥った英国は、破格の条件で日本の参戦を懇願したが、日本は渋々艦隊を送ったに過ぎなかった。対する米国は、多大な犠牲をはらって英国を勝利に導いたからだ。巨額な債務も気がかりだった。

日英同盟廃棄は決まったが、英国首相ロイド・ジョージは漠然たる不安を抱いていた。二十年に亘る英国繁栄の礎を冷淡にうち捨てる訳には行かなかったからだ。条約に忠実だった日本を納得させる、尤もらしい理由が必要と考えたが名案はなかった。

それを救ったのが、米国が希望した軍縮会議の開催だった。だがこの会議は、米国が日英同盟切断を決定づける手段として用意したものだった。英国が米国と手を握れるよう、両国は同等な海軍力を持つことを伝えた。英国は了解し、次のように駐英米大使ハーヴェイに軍縮会議を提案した。

「英国政府は、米国大統領が、極東及び太平洋の諸問題を平和的手段によって解決し、海軍競争の廃棄、陸軍軍備の縮小等に関する諸問題を解決するため、関係各国を招請することを提案する」(297)

同年七月十一日、英米合意の下、米国大統領は声明を発し、ワシントン会議への招待状を東京、パリ、ローマに発した。英国は全責任を米国に委任し、この会議は米国主導となった。シナは米国主唱の如何なる会議も賛成であり、英国に「日英同盟の廃棄」を求めた。

米国、英国、シナは政策的一致を見ていた。仏伊は招請を受諾した。ソ連はどの国も承認しておらず招請されなかった。米国は日本の出方を見守った。

わが国は日英同盟の継続を望んでいた。軍縮も望んでいたが、自国の政策を抑制する会議への参加を喜ばなかった。この会議の目標が、日本のシナ及び現在進行形のシベリア出兵を否定する会議であることは明白だったからだ。

十六日、他の諸国が議題の原案を受諾した後、日本はシナとの関係、山東問題、シベリア、ヤップ島を議題から外すことを要求し、会議への出席を受諾した。他にベルギー、オランダ、中国、ポルトガルが参加したが、参加九ヵ国中、軍縮に関する発言権は日米英仏伊に限られた。

米国の本音「日英同盟終了は最大の満悦」

一九二一年十一月十二日、ワシントン会議は開催された。主導したのはヒューズ国務長官であり、会議は彼の思惑通りに推移した。

第一に取り上げられたのは軍縮だった。具体的には、海軍軍備の縮小、毒ガスなどの新式兵器の使用制限、陸軍軍備の制限という順序で論ずることになった。

第二は、「太平洋及び極東問題」だった。先ずシナの領土保全、行政保全、門戸開放、機会均等、諸契約、優先的な経済的特権、鉄道問題などが挙げられた。

第三に、シベリア問題が論じられた。この時、日本はシベリアと北樺太に出兵中だった。

最後に、委任統治領問題とヤップ島の電信問題が議題となった。

軍縮会議冒頭、ヒューズ国務長官は米、英、日の海軍力について述べた。三国は建艦計画を直ちに停止し、主力艦を英米は各五十万トン、日本は三十万トンに制限し、航空母艦、潜水艦、駆逐艦、巡洋艦も同じ比率を適用するというものだった。英米が同等の海軍力を持つ計画には、両国の政治的結合と艦隊の戦略的配備が含まれており、裏で英米が手を握っていることを知った日本は衝撃を受けた。

バルフォアは日英同盟の締結及び更新の主役であったから、それに代わる代案を得ようと腐心していた。米国も日本が日英同盟を拡大して米国も加えた条約を求めていることを知っていた。

十一日にバルフォアはヒューズに二つの代案を示した。その一つが、九ヵ国条約の骨格であり、次が旧日英同盟に米国を加える案だった。

米国を日英同盟に加入させ、極東に於ける日本と英国の権益を承認させ、米国にも軍事的負担を担わせようという英国案は、ヒューズにとって問題外だった。

米国は「日本打倒」を堅持し、山東をシナに返させ、「日本が人口増による地理的膨張を必要とする」というバルフォアの説を拒否し、日本を封じ込めようとした。

このままでは「日英」対「米国」となることを悟ったヒューズは、幣原やバルフォアと幾度となく秘密会を開き、フランスも加入させる案を提出した。バルフォアは、フランスが加入しては何も得るところはなくなった、と駐日英大使に手紙を書いていた。これは軍事同盟ではなくなるからだ。

だがロシアとドイツの艦隊が消えた今、「フランスが加入すれば、太平洋に権益を持ち、条約により保護を受ける群島に脅威を与える国は無くなる」と考え、承認した日本は甘かった。日本を仮想敵国としていた米国を忘れていたのだ。

十二月十日、「四ヵ国条約」は成立し、十三日に調印された。

第一条は、米、英、仏、日は太平洋地域に於ける島嶼たる領土及び島嶼たる属領の権利を、相互に尊重することを規定している。

第二条は、第三国により脅威に曝されたら、締約国は有効なる手段と取るべき了解に達するために相互に通告すべきとした。

四ヵ国条約は「日英同盟を発展的に解消」したものとして日英同盟は正式に廃棄され、二一年の長きにわたり日英の安全と繁栄を支えた軍事同盟は消滅した。


長年の目的を達したハーディング大統領は、「日英同盟終了は最大の満悦」とし、ロッジ議員は「日英同盟は米国の極東と太平洋に対する関係において最も危険な因子だった」と述べた。

こうして日本は同盟国なき孤立に陥った。そしてロイド・ジョージが抱いた〝漠然たる不安〟とは、大英帝国崩壊の序曲であることなど、何人も知る由もなかった。

なぜ日本は「五ヵ国海軍条約」に調印したか

日英同盟廃棄という現実を踏まえ、極東における英米艦隊の存在は、「自国防衛のため」とは到底思えなかった。それ故、元海軍提督の加藤代表は、日本海域での日本の安全保障が得られるまで、米国提案の海軍比率、英米日仏伊で5、5、3、1・75、1・75を認めなかった。

「十二月初旬に至り、日本は英米両国が太平洋における要塞を現状のままにするならば、一〇対六の比率を承認する旨を申し入れた」(『米国極東政策史』321)

加藤は、基地固定なら、この海軍比率であっても日本が米国本土、ハワイ、シンガポールから攻撃を受けても劣勢にならないことを知っていたからだ。英米は同意し、一九二二年二月五日に調印された「ワシントン海軍軍縮条約」の第十九条には、「日英米は、要塞並びに海軍基地に関し、条約が成立した当時の現状に止めること」が記載された。更にこの条約は三六年十二月三一日まで効力を有し、その後、廃棄を欲する国は二年以内に通告する、とされた。

では「四ヵ国条約」と「ワシントン海軍軍縮条約」はどのような意味があったのか。

先ず、日本が英国や米国本土を攻撃することは不可能になった。英米が日本本土を攻撃しようとしても、基地固定なら日本は防御可能な兵力を持つことになった。その点では相互に利益があった。日本は本土が安全になったことにより、大陸に進出する自由度を増大させた。

英国にとって、価値の第一は欧州、次いでインド、極東の価値は第三位だった。英国は得るところが少なかったが、ニュージーランド、オーストリアの武装許可を得たことで、太平洋の英領に広範な防御を獲得し、且つ軍拡競争から逃れることで満足した。また日英同盟に代わる条約が結ばれ、ある意味で日本に対する申し訳なさを軽減した。

では米国は何を得たのか。フィリピンが安全になり、米国が日本から攻撃されなくなったことも大きな成果だった。だが会議は終わらない。問題はシナの処遇だった。

米支の外交的勝利・九ヵ国条約とワシントン体制

「九ヵ国条約」は英国外相バルフォアが起草し、それを米国のヒューズ国務長官に委ね、彼が実行に移した。ヒューズは、山東、シベリアに於ける日本の行動に反対するため全力で闘った。

会議に招かれたシナ代表は、清国に代わる「シナ共和国」の権利を主張する好機と捉え、関税自主権の回復、治外法権の撤廃、山東の返還、二十一カ条の撤回、全ての権益・特殊権益の撤廃を要求した。米国はこの要求の実現に努め、各国が負うべき原則を明らかにした。

一　シナの宗主権、独立、領土及び行政保全を尊重する。
二　シナ自らが確固たる政府を確立・維持するための機会を提供する。
三　シナ全土で、各国の機会均等を樹立するため、各々努力する。
四　特殊権益を求めるため、シナ情勢を利用すること、安全を害する行為をしない。

日本はこの原則を承認したが、既得権益への適用には反対した。しかし米国はシナを支持し、山東の還付、ヤップ島に対する要求貫徹、シベリア撤兵について日本と闘った。

一九二二年二月六日、「九ヵ国条約」が調印された。調印国は日・米・英・仏・伊・蘭・シナ・ベルギー・ポルトガルである。

この条約は先の四原則をベースに、各国がシナの門戸開放と機会均等を相互に尊重することを規定したが、法的義務を負わせるのではなく、各国が相互に尊重するとした。日本は天津・青島鉄道とその周辺の優越件は保持したが、それを除く山東全省の即時返還に合意した。これはシナの外交的勝利と見なされた。

次いで米支は日本の満洲権益へも攻撃を加えてきたが、日本は断固拒否した。それは英仏と同じ立場であり、欧州大戦中に日本が満洲に築いた特殊権益は認められ、その根拠はむしろ強化された。

またヒューズはシベリア撤兵を強力に求めた。そして幣原から、「日本は領土的野心があるのではない、直ちに撤兵するであろう」との声明を引きだし、二二年十月、日本軍は撤兵した。

翌年、日本は山東から撤兵し、シナの要求に沿って権益を放棄した最初の国となった。

二五年、日本は北樺太からも撤兵し、この地を併合する機会を逸した。

最後の懸案事項でも米国は勝利した。米国市民はヤップ島に於いて日本人と平等に海底電信、無線及び居住の権利を得、その代償として赤道以北の日本の委任統治を承認した。

こうして第一次世界大戦末期、ウイルソンが始めた日本の抑止政策は、ワシントン会議による外交的勝利を得て一段落を迎えた。その最大成果が「日英同盟の廃棄」であったことは言うまでもない。

米国は「日本暗号」を解読していた！

第一次世界大戦において英国はドイツの暗号を解読し、勝利したが、米国は日本の暗号を解読し、ワシントン会議に勝利した。

「日本暗号の解読に成功したアメリカは、太平洋戦争における対日情報戦で圧倒的に優位な立場を得ることができたが、彼らの日本暗号に対する関心はそれよりもかなり以前に遡る。

アメリカで暗号解読のパイオニアといわれるハーバート・O・ヤードレーが、第一次世界大戦後のワシントン会議（一九二一年）で日本側の暗号を解読し、それによってアメリカが有利に会議を進めることが出来たのは有名な話しである。

ヤードレーの率いる暗号局（別名ブラック・チェンバー）は、東京とワシントンの日本代表団との間で交わされる暗号通信のほとんどを解読して、その結果を急送便でアメリカ側代表に届けたのである」（吉田一彦『暗号戦争』小学館74）

十一月十一日に開催された会議で、米国は日本の主力艦の割合を英米の六割にするように求めたが、日本は七割を主張して会議は膠着状態に入った。処が二八日、東京から打たれた次なる暗号電文を傍受・解読した米国は、一切歩み寄ることなく勝利を得たのだった。

「対米七割を獲得すべく旧倍の努力を傾けるものの、やむを得ざる場合は六・五でも致し方なし。しかし英米、特に米と事を構えることは避けねばならないので、最後の手段としては六割も止むなし」(20)

十二月十日には「アメリカの提案せし割合を受け入れる以外に方策なし」(21) なる暗号も傍受・解読していた。

処が、一九二九年にフーバーが第三一代大統領に選出され、スチムソンが国務長官に任命されると、スチムソンは「紳士は他人の書簡は読まないものだ」と発言して暗号局への予算を打ち切ってしまった。憤懣やるかたないヤードレーは、『アメリカのブラック・チェンバー』という本で、暗号局がワシントン会議で日本の暗号を解読していたことを暴露したのだ。

「この本は一九三一年に出版されると、大変な騒ぎを引き起こして世界中でベストセラーになった。特に日本では翻訳が一大ベストセラーとなり、大きな論議の的となったのは言うまでもない」(76)

だが日本では、情報防衛や情報蒐集の対策は何も取られなかった。国も軍も情報の大事さを認識しなかった。それが日米戦での敗北要因となったのである。

米国議会、「日本人排斥法」を可決

ワシントン会議では人種差別問題は取り上げられなかった。それは米国が徹底した日本人差別を目論んでいたからだった。

日英同盟の廃棄が決まると、米国での日本人差別は常軌を逸したものとなった。カリフォルニアは日本人による土地所有を禁止したが、この差別は各州へと広がって行った。

一九二一年から二五年にかけて、アリゾナ、アーカンサス、ルイジアナ、デラウェーア、アイダホ、カンサス、ミズリィ、モンタナ、ネブラスカ、ネヴァダ、ニューメキシコ、オレゴン、テキサス、ワシントン諸州も「外国人土地法」を制定した。

翌年、ワシントン州とカリフォルニア州に於いて、全ての東洋人に適用された「外国人土地法」は合法とされ、日本人の「土地所有禁止」は確定した。やがてユダヤ人、カトリック教徒、黒人、共産主義者などにも適用されるようになり、米国の人種差別が世界平和を乱した、とグリスウォルドは記す。

「ワシントン条約の署名が未だ乾かぬうちに、条約の目標とした平和が、故意にその解決を避けた問題（人種差別問題　引用者注）のために攪乱された。

一九二二年十一月十三日、米国大審院は、〈日本移民は米国市民権を獲得し得ず〉との判決を下した。更に一年半後の一九二四年五月二四日、米国議会は、各国移民に対して厳重な比率を適用し、市民権を獲得し得ない者を全般的に締め出す法律を可決した。

これは、米国がシナ移民及び労働者の入国を拒否し続け、また日本との行政的協定によって、日本移民を制限してきた政策の頂点を示すものであって、遂に一九二四年の有名な法令となり、全ての東洋移民を締め出すことになったのである。

かくの如き結末を見るまでに、米国人が有する人種的偏見は、日本と支那との対米関係の障碍となり、延ては米国極東政策の発展に重大な影響を与えた」（『米国極東政策史』339）

次いで米国は、何と「日本人の入国禁止」を試みた。これは一九一一年に改訂され、日米修好通商航海条約に違反するものだった。

「一九二三年十二月初旬、市民権を獲得し得ない外国人の米国入国を禁止する法案が、上下両院に提出された。これは明示こそしないが、言うまでもなく、日本人排斥を法律語法によって粉飾したものであった」（381）

埴原駐米大使は直ちに撤回要求を行い、ヒューズ国務長官はそれに応え、「それは一九一一年の条約に抵触するのみでなく、問題は、法律であるよりも一つの政策であり、日本人だけを排斥しようとする法案の実際的効果は、米国にとって決して有利でないであろう」と議会に法案撤回を求めた。

「日本人は感情的な国民であるから、斯くの如き法律に対しては、問題なく〝恥辱〟と考えるであろう。（中略）かくの如き法律は如何なる善行による〝弁解〟とはならずして、単に〝侮辱〟と考えられるに過ぎないからである。

この種の感情が正しいか正しくないかは論議する必要はない。問題は、かかる法律を実施して、我々が最も昵懇《じっこん》な関係を結ぶべき友好的国民を侮辱する価値があるか否かであり、然して、かくの如き行動によって、何が得られるかである」（382）

移住した日本人は良き米国市民だった。だが一九二四年四月十二日、米国下院は三二三対七一をもって「日本人排斥法」を可決し、自ら人種差別国家であることを明らかにした。

米国は日本人の「全面的入国禁止」を決定

これを見た埴原大使はヒューズ国務長官に、「日本は紳士協定を結び、移民制限を実行して来たではないか」、「この立法化は、両国の福祉と相互の利益とに貢献せずして、むしろ重大なる結果を生ずるであろうことを申し述べ、或いは繰りかえさんとするものである」との文面を送った。

処がロッジ上院議員は言葉尻を捉え、埴原の文面にある「重大なる結果」なる文言が「米国に対する脅迫」であると問題視し、〝紳士協定拒否〟を議会に勧告した。

一九二四年四月十六日、下院に続いて上院は、「市民権を獲得できない外国人を全面的に排斥する法案」を七一対四で採択した。こうして日米両政府が避けようとしてきた三十年の努力はついえ去り、排日法は現実となった。埴原は最期の覚書きで次のように述べた。

「日本政府は、一九二四年の移民法の差別的条項に対して、その記録の中に厳かに抗議を記してこれを維持し、米国政府に対して、かくの如き差別が撤回され、あらゆる可能性に対して適切なる処置の講ぜられるべき要求を呈する義務を有すると思考す」(『米国極東政策史』387)

米国は、日本人移民の土地所有を禁止のみならず、日本人の入国をも禁止した。この差別的な扱いに対し、日本は如何なる報復も行わなかったが、米国は、「日本の皮膚を刺し続け、これを除去しようとする日本の努力を無効に帰せしめた」とグリスウォルドは記す。

「米国が、一九二四年の排斥法によって、日本人から、かくまで深く、かくまで一体となって怨まれたほど、米国人は、支那その他の地点で日本が行った政策に対して、深刻な怨みを抱いたことは、嘗てなかったと言いうるであろう」(387)

この処置に対して日本が感じる忿怒の情について、米国が理解する恐らく唯一の手段は、「英国が、他の国民の入国を許可し、米国人だけを全面的に排斥する移民法を制定したと想像せよ。米国人の感情は、日本人のそれに二倍するであろう」(389)。米国人よ、そのことに気付け！　と一九三九年十月、日米開戦の二年前にグリスウォルドは訴えていた。

米国民は道徳的〝悪〟である「人種差別」を掲げて行動し、日本は道徳的〝善〟である「人種平等」を掲げて行動していた。米国はその分別はあったが、行動が伴わなかった。そこで彼らは、正義を掲げ、米国に逆らう小賢しくも生意気な日本を叩き潰したい、という激情に駆られたのだ。

だが日本には軍事力があり、加えて日英同盟がある限り戦争は不可能だった。そして日英同盟が廃棄された今、歯止めはなくなり、日本人差別と日本への敵対行動は常軌を逸したものとなったのである。

〈中巻へ続く〉

巻末附録　年表

<日本の出来事>
<アジアの出来事>
<西欧の出来事>

1603 徳川家康　江戸幕府を開く
1619 オランダ、ジャワに総督を置く
1648 ウエストファリア条約・30 年戦争の終了
1662 明　滅ぶ、清の成立
1776.07 **アメリカ 13 州独立宣言**
1789 フランス革命
1805.10 トラファルガーの海戦（英国の勝利）
1812.04 米国・英国に宣戦布告（カナダ戦争）
1823 米国・モンロー教書
1840-42 清国・英国アヘン戦争
1846 米・メキシコ戦争
1848 シナ人の米国移民始まる
1848 マルクス「共産党宣言」
1853 **ペリー浦賀来航**
1854 日米（英露）和親条約
1858 インドのムガール帝国滅ぶ
1857 経済恐慌　西欧各国に広まる
1858 日米修好通商航海条約
1861 ～ 65 米国・南北戦争
1866.07 李朝　シャーマン号事件
1867.10 **明治維新・大政奉還**
1870.07-71.05 普仏戦争
1871.01 **ドイツ帝国成立**
1873 李朝　大院君退き閔氏実権を握る
1875.05 ロシアと千島樺太交換条約
1876 米国・スー族・反米蜂起
1876 日朝修好江華条約（李朝開国）

＜日本の出来事＞
＜アジアの出来事＞
＜西欧の出来事＞

1877.01 ～ 09　西南の役
1878 米国・シナ人の帰化禁止
1882.07 李朝　壬午軍乱（ソウルの日本公使館焼き討ちに遭う）
1884 日本人のハワイ入植開始
1884.12 李朝　甲申事変（金玉均による革命の失敗）
1884 ～ 1885　清仏戦争
1885.04 天津条約（朝鮮を巡って日清間での条約）
1886 英国・ビルマ王国を滅ぼす
1887 フランス領インドシナ連邦成立
1888 今後 20 年間シナ人移民禁止
1889.02.11 日本：大日本帝国憲法発布
1893 アメリカによりハワイ王国滅亡
1894.02 李朝・東学党の乱
1894.08 ～ 95.03 **日清戦争**
1895.04.17　下関条約
1895.04.23 ロシア、仏、ドイツの三国干渉
1898 米西戦争　**米国・フィリピン領有**
1898 ドイツ・膠州湾租借、ロシア・旅順・大連租借、
英・威海衛・九龍半島租借、仏・広州湾租借
1899.09 米国・シナに対する門戸開放宣言
1899 ～ 1901 義和団事件
1901.03 義和団事件最終議定書
1901.10 東支鉄道の完成
1899-1902 ボーア戦争
1902.01.30 **日英同盟成立**
1902.07 ロシアが朝鮮の竜岩浦占領
1902.11 ドイツ・墺・伊の三国同盟更新

<日本の出来事>
<アジアの出来事>
<西欧の出来事>

1904　オランダ領インド成立（インドネシア・蘭の植民地となる）
1904.02-05.09 **日露戦争**
1904.08 英仏協商の成立
1905.03 独帝・モロッコのタンジール訪問
1905.05 **日本海海戦・バルチック艦隊全滅**
1905.08 第二次日英同盟の改定
1905.09 ポーツマス条約
1905.11 韓国を日本の保護国となる
1906　サンフランシスコ・日本人隔離令
1906　米国・対日戦争計画（オレンジ計画）策定
1907　日本は米国への移民自主規制継続を表明
1907.08　英露協商の成立
1909.12 ハリマンの急死
1910.08.22 日韓併合
1911.07 日英同盟　三次改訂
1912.01.01 **孫文、中華民国臨時大総統に就任、中華民国の元年**
1912.02 清皇帝 共和国樹立の詔勅　袁世凱臨時大統領に就任
1913 カリフォルニア州・日本人の土地所有禁止
1913.03～1921 ウイルソン大統領に当選
1913.01 チベット・独立宣言
1914.06 オーストラリア皇太子夫妻の暗殺
1914.08 **第一次世界大戦勃発**
独対仏露開戦、英国対独宣戦布告、
1914.08 日本、対独宣戦布告
1915.01 日中・21 カ条交渉の開始
1915.4 ドイツ軍・毒ガスを使用

＜日本の出来事＞
　　＜アジアの出来事＞
　　　　＜西欧の出来事＞

1915.05 日中・14カ条にして日支条約に調印
1915.05 英国・「ブライス報告」を発表
1915.05 ルシタニア号撃沈事件
1915.05 イタリア、オーストリアに宣戦布告
1915.11 トルコ、ロシアに宣戦布告
1916.06 英仏露によるトルコ解体密約
1916.06 袁世凱死亡
1916.10 英国とシオニストの取引成立
1917.02 ドイツ・無制限潜水艦作戦の宣言
1917.02 日英の取引成立・海軍派遣決定
1917.03 ロシア２月革命・ケレンスキー内閣
1917.04.04 日本海軍　参戦
1917.04.06 米国・ドイツに宣戦布告
1917.11 **ロシア10月革命・レーニン権力掌握**
1917.11 石井・ランシング協定
1918.01 ウイルソンの平和14カ条
1918.03 ロシア敗北・ブレスト・リトフスク条約
1918.08 シベリア出兵・英仏米日軍ウラジオに上陸
1918.11 **ドイツ革命・ドイツ帝国の崩壊**
1919　レーニン・コミンテルン創設
1919.01 パリ会議開催
1919.06 ベルサイユ条約調印
1919.07 第一次カラハン宣言
1920.03 米国議会・ベルサイユ条約否決
1920　尼港事件
1920.04 米軍・シベリア撤兵
1920.09 第二次カラハン宣言

<日本の出来事>
　　<アジアの出来事>
　　　　<西欧の出来事>

1921.07 中国共産党結成
1921.11 ワシントン会議開催
1921.12 **四ヶ国条約、日英同盟の消滅**
1922.02 ワシントン軍縮条約・九ヶ国条約調印
1922.10 日本軍・シベリア撤兵
1922.11 中国と山東還付条約
1922.11 米国・日本人の帰化禁止宣言
1923.01 孫文・ヨッフェ宣言
1924.01 広東・国民党第一回全国大会・国共合作
1924.04 **米国・日本人排斥法**
1924.06 広東・黄埔軍官学校設立
1924.11 溥儀・紫禁城から日本公使館へ
1925.01 日ソ基本条約締結　効力発生２月
1925.02 溥儀・日本租界へ移住
1925.05 日本軍・北樺太から撤兵

【著者プロフィール】

長浜 浩明（ながはま・ひろあき）

昭和22年群馬県太田市生まれ。同46年、東京工業大学建築学科卒。同48年、同大学院修士課程環境工学専攻修了(工学修士)。同年4月、(株)日建設計入社。爾後35年間に亘り建築の空調・衛生設備設計に従事、200余件を担当。一級建築士、技術士(衛生工学、空気調和施設)、公害防止管理者(大気一種、水質一種)、企業法務管理士。
著書に『文系ウソ社会の研究』『続　文系ウソ社会の研究』『日本人ルーツの謎を解く』『古代日本「謎」の時代を解き明かす』『韓国人は何処から来たか』（展転社)、『「脱原発」を論破する』(東京図書出版)、『新版 国民のための日本建国史』（アイバス出版）がある。

※本書に利用しております写真や図に関しまして、主にパブリック・ドメインの図を利用いたしております。その他につきましては、出典をたどり、可能な限りコンタクトを取りましたが、一部出典不明にてコンタクトが取れていない場合がございます。
お心当たりの方は、以下にご連絡くださいますようよろしくお願い申し上げます。

アイバス出版株式会社　編集部　Email:info@i-bas.jp

装丁デザイン　長久 雅行
本文デザイン&DTP　株式会社システムタンク

日本とアメリカ戦争から平和へ<上>
―アメリカの誕生、日清・日露・欧州大戦から日英同盟廃棄まで 〈検印廃止〉

2017年4月5日　初版第1刷発行

著　者　長浜　浩明
発行者　大石　雄一
発行所　アイバス出版株式会社
〒170-0013
東京都豊島区東池袋1-48-10　25山京ビル925
TEL 03-5927-1671（編集）　FAX　050-3153-1353
TEL 050-3802-6836（販売）
URL http://www.i-bas.jp/
E-mail info@i-bas.jp

印刷所――株式会社シナノ

ISBN 978-4-907322-08-3